いまから
始める
地方自治 ［改訂版］

上田道明 編

法律文化社

改訂版の刊行にあたり

本書は，2018年に発刊した『いまから始める地方自治』の改訂版です。旧版から変わった点ですが，大半の章を全面的あるいは部分的に書き直しました。

このテキストは各章の中でテーマに関連した事例を取り上げることを1つの方針としていますが，旧版で取り上げた事例についてこの5年間の変化に応じて加筆修正した章もあれば，テキストに取り上げるものとしてより相応しいトピックを求めた結果，新たな事例へと切り替えた章もあります。5年前のものとは内容を一新せざるを得なかった章もあり，社会の変化の速さには，わたしたちもあらためて驚かされています。

内容がこうして大幅に変わりましたので，今回はじめて手にとって下さった方はもちろんのこと，旧版にお付き合いいただいた読者にも，「『別物』になっているのでぜひ読んでほしい！」と願っているところです。

変えていないのは構成です。まちづくりの様々な担い手を第Ⅰ部で，また近年の地域社会の変化を第Ⅱ部で，そして地方自治のしくみを第Ⅲ部（旧版の第Ⅳ部は第Ⅲ部に繰り入れました）で取り上げるという構成は変えていません。

もう1つ変わっていないものがあります。地域社会は依然として厳しい状況にあります。ただでさえ悩みの多いところに，コロナ禍とウクライナでの戦争に伴う国際社会の動揺がさらに地域に様々な形で影を落としています。

ただし，目を凝らせば違う景色も見えてきます。コロナ禍は，人々の働き方を一変させた結果，住む場所や時間の過ごし方についての選択肢をわたしたちにもたらしています。通勤の必要性が薄れたことは都市部への人口集中に歯止めがかかる可能性を作り出していますし，自宅で過ごす時間が増えることは，地域の活動に「参加してもいいかな？」という時間的余裕を作り出しもするわけです。

また国際社会の動揺をうけて，食糧やエネルギーの「地産地消」の大切さを新たに実感する人が現れています。食料もエネルギーも効率を求めて1ヵ所で大量に作ったほうがいいと考えられてきましたが，しかし昨今の情勢は，そこ

での供給が絶たれた際のリスクの大きさをわたしたちに教えてくれました。「地産地消」は，環境にやさしく，また地域を自立させる手段であると同時に，社会全体にとってのリスク回避の手段であることが注目されています。

　こうして見ると，人口減少や人手不足に悩んでいる地域や活動には，また再生可能エネルギー事業や農業の振興を通じて活力を得ようとしている地域には，これらの変化はチャンスなのかもしれません。

　そのようなチャンスを活かすためにも，地域の抱える課題に対して行政だけでなく，企業や市民など地域の多様な立場の人たちが関わる必要性がある，というのが，本書が届けたいメッセージでした。また，注目してきたのはそのような実践でした。

　地域を立て直そう，元気にしよう，とする小さな取り組みに注目し，応援したいという筆者たちの思いは変わっていません。前回同様，詳しく，というよりは，分かりやすく読み進めてもらえることを優先して記述に努めました。気になる章だけでも，読んでもらえるならば幸いです。

　改訂版の刊行にあたっては，法律文化社の畑光氏にお世話になりました。記して，感謝申し上げます。

　2023年1月

編者　上 田 道 明

はじめに

　のっけから私事で恐縮ですが，筆者は旅行が大好きです。ただ，その楽しみ方はちょっと変わっていて，滞在中に足を運ぶのは，地元のスーパーマーケットやデパートの食品売り場。つまりは食いしん坊なのですが，お土産物売り場にはない，その土地ならではのお惣菜を見つけては胸を躍らせ，珍しい食材や調味料に目を丸くし，物価の違いに思いを巡らす……。観光客向けの「よそ行きの顔」ではない，そのまちのほんとうの表情にふれることができたようで，小さな発見を楽しみとしているところです。日本の社会は戦後の経済成長とともにかつては地域ごとに見られた個性を失ったといわれますが，それでも，まちの「らしさ」のすべてが失われたわけではない，ということを実感しています。読者が暮らすまちにも，そんな愛すべき「らしさ」はありませんか？

　いま，そのような「らしさ」の受け皿である地域社会が，数々の問題に直面して揺れ動いています。人口減少，少子高齢化，基幹産業の衰退，寂れる中心市街地……これまで経験したことのない危機を前に，まちの将来を案じている人は少なくありません。

　でも「ピンチはチャンス！」ともいいますよね。実際，まちの景色が変わりつつあります。地域の担い手といえばその土地の名士＝主に中高年の男性であったところに，若い人たちや女性などこれまであまり前面に立つことがなかった人たちも加わった，新しい，そして面白い試みが各地で生まれています（共同通信社編　2017）。そのような試みの担い手たちは，多くの場合，資金や政治力とは縁が薄いため，頼りになるのはまずアイデア。思うようにはいかないこともたくさんあるでしょうけど，そういう活動に関わる人たちはどこか楽しそうでもあります。

　読者にも，「何とかならないかな」という悩みごとや，「こうすれば解決できるのでは」といった面白いアイデアがあるのではないでしょうか。「何とかなるかな」と解決の余地を探し出し，知恵を出し合い，ともかく始めてみる。そんな面白そうなことが各地で始まっていることを知ってもらいたい，という思

いのもとに，筆者たちはこのテキストを企画しました。

　このテキストを編集するにあたっては，5つのことを意識しました。1つ目は，学問分野の「タテ割り」を乗り越えることです。1冊の本のなかに町内会のことから地方財政の話まで盛り込んでいるのはそのためです。結果，このテキストは既存の学部のいずれの枠組みにもおさまっていませんが，分野のなかにおさまりよくまとめることよりも，地域のことを幅広い視点からとらえることを優先しました。

　2つ目に，通常，地方自治のテキストには必ずしもとりあげられない，近時の社会の変化に注目しました（第Ⅱ部）。わたしたちはこの本の主な読者として18〜20歳という年齢層を意識しました。この世代にとっては，社会にも経済にも元気がないことは，物心ついて以来ずっとそうであった，という意味で，「当たり前のこと」そして「変わらないもの」のように受け取られているのではないか，また著しい所得格差の発生など，厳しい社会経済的な現実に対して本人の「自己責任」の一言で向き合おうとしているのではないか，ということを老婆心ながら案じています。しかし，その現実の多くは社会の変化から生じているのであって，「（努力しなかった）本人の責任である」などといたずらに個人の努力や姿勢に還元することは評価として不当であること，またそうであればこそ，その現実は市民の協力や政治行政による取り組みによって解決の余地があることを呼びかけたいと考えました。

　3つ目に，記述の対象として，中山間地域や工業都市などを意図的にとりあげました。大学教員の一人として実感している点ですが，大学生の多くは都市（およびその周辺地域）生まれの都市育ちのため，いわゆる「田舎」への関心や予備知識に欠けるきらいがあります。ただ，そのような地域に顕著な人口減少や活力の低下といった現象は「田舎」にとどまらず，遠からず都市部でも見られるようになるといわれています。おそらくは読者が知らないであろう社会の面を知ってもらうため，またこれから直面することが予想される危機の一端を知ってもらうため，加えてもう1つ，その危機にどう向き合えばいいのか考えてもらうために，「田舎」のことをとりあげました。

　4つ目に，地域の担い手として，市民や企業など多様な存在をとりあげました（第Ⅰ部）。行政や議員たちだけではなく，さまざまな立場の人が関わらなけ

れば現在の社会問題の解決は覚束なくなっているからです。市民も企業も，そして政府も，それぞれに強みと弱みを持ちます。単独では難しいことも，それぞれの強みをかけ合わせることによってできることが増えてくるのではないか，という点を強調したいと考えました。

　最後に，地方自治のテキストにあっては本来中心的な内容である政府セクターについては，とりあげ方に工夫をしました。読者のなかには，市役所をはじめとする地方の行政機関のことを，「住民サービスや事務仕事などを担当する組織」と理解している人もいるのではないでしょうか。そうではなく，これらは議会とともに自治体における「政府」を構成している存在であること，そして地域社会における課題を解決するためには，この政府をうまく使うことが有効であること，を強調したいと考えました。なぜならば，政府は強制力のあるルールを制定したり，税金という巨額の資金を動かしたりできるのですから，これをわたしたちがほんとうに必要だと思うことに利用できれば，大きな力になるからです。政府を使いこなすために知っていると役立つことをとりあげよう，という観点からの記述を心がけました。

　以上の方針のもと，詳しく，というよりも，むしろわかりやすく読み進めてもらえることを優先して記述に努めました。本書をきっかけに，地域とこれが抱える問題への見方が少しでも変わることがあったならば，執筆者一同うれしく思うところです。

　本書の刊行にあたっては，前作『ローカル・ガバナンスとデモクラシー』に引き続き，法律文化社の上田哲平氏にたいへんお世話になりました。記して，感謝の意を表します。

　　2018年1月

編者　上　田　道　明

目　次

第Ⅲ部　地方自治のしくみ

＊ 本文中で本書の他の章を参照すべき箇所では，たとえば「……（⇒**第3章**）。」と記載している。

＊ 本文中で，たとえば「……（加茂 2017：79）。」あるいは「加茂（2017：79）は……」と記載している場合には，「加茂」は著者名あるいは編者名，「2017」は刊行年，「79」は引用ページ数を表している（引用ページ数は省略している場合がある）。

＊ 書誌情報の詳細は，本書巻末の「**参考文献一覧**」に掲げている。

＊ 本文中で特に重要な語句は**太字**（ゴシック体）にしている。

暮らしよいまちをつくる担い手たち

　地域での暮らしのなかで、「お困りごと」に直面したとき、みなさんはどうするだろうか。多くの人は、役所に相談するのではないだろうか。そう、たしかに、「社会の問題の解決に取り組むのは行政の仕事」であると長らく考えられてきた。しかし、行政だけが公共の担い手だという捉え方は、考え方としても、また社会の実態としても正確ではないというのが筆者たちの受け止め方。では、どのような存在がその担い手であるのか、この第Ⅰ部では筆者たちの考えているものをとりあげていく。

　まず注目するのは、行政職員でも政治家でもない「ふつうの人たち」が立ち上げた組織が、社会問題の解決に取り組んでいるケースがあること。この第Ⅰ部のなかでは、それを教育、環境保護といったテーマ（しばしばミッション＝使命と表現される）ごとにつくられるもの（NPO）と、地域に根ざすかたちでつくられるもの（地縁型の組織）に分けて、それぞれ第１章と第２章でとりあげることにする。

　このような市民活動は、政府＝「第１セクター」、市場＝「第２セクター」に対して、「第３セクター」と呼ばれる（⇒第１章）。筆者たちは、第３セクターに加えて、第２セクターの主役である民間企業もまた、公共を担う一員であると見ている。特に注目されるのは、地域に根ざした企業（多くの場合、中小企業）。営利を追求する存在がどのように地域の課題に取り組んでいるのか、第３章で取り上げることにしたい。

　といいながら、少しだけ答えを匂わせておくと、企業はビジネスを通じて実は地域への貢献を果たす性格も備えている、というところ。ところが、その論理をひっくり返す例も現れている。どういうことかといえば、社会貢献を果たすことを第一の目的に企業を立ち上げて、問題解決のためにビジネスに取り組むという例が社会のなかで広がりを見せつつあるのだ。「ソーシャル・ビジネス」と呼ばれるこの「手法」については、第４章でとりあげる。第Ⅰ部を通じて、社会問題の解決に取り組む主体も、地域を暮らしよくするための手法も、多様化していることに注目してほしい。

第 **1** 章

市民発の組織，その実力は？

——地域にある問題と NPO ——

1 課題を解決する自転車——コミュニティサイクル　HUBchari（ハブチャリ）——

■　自転車が社会問題を解決！

　「コミュニティサイクル」を知っているだろうか？　まちなかに自転車の貸し出しと返却ができる「ポート（サイクルポート）」を設け，移動に自転車を活用するしくみである。写1－1は，大阪で運営されている「HUBchari（ハブチャリ）」という名前のコミュニティサイクルである。

　HUBchari は普通のコミュニティサイクルとは少し違う。HUBchari の整備などの仕事をしているのは，ホームレスの人や，以前ホームレス状態にあったが今は生活保護を利用している人たちなどである。ホームレスの人の多くは自転車修理の技能を持っている。彼・彼女らのほとんどは「働いていない」のではなく，空き缶や段ボールを集め，売って現金を手に入れて暮らしている。集めた物を運ぶのに自転車を使ううちに，修理の技術を身につける。この特技が活かされているのである。そう考えると HUBchari は大阪のまちにいろいろな面で役立っている。環境にやさしい移動手段を提供し，放置自転車の減少にも貢献している。住居や仕事を失った人たちの働く場となり，貧困問題解決のきっかけをつくっている。また，ポートの無償提供によって，企業や公共機関の社会貢献も促している。

　2012年から始まった HUBchari は，2017年から民間のシェアサイクル事業者との連携が始まり，現在は大阪市内を中心に約300のポートで利用可能になっている。地域の人はもちろん，海外からの観光客や料理のデリバリーで働く人の利用もある。事業の拡大で電動自転車のバッテリー交換などの仕事が増え，

企業から商業施設の駐輪管理業務を受託するなど，自転車関連の新たな仕事も生まれている。

■ 生みの親は大学生── NPO 法人 Homedoor（ホームドア）──

　HUBchari は，Homedoor（ホームドア）という NPO 法人が運営している。この組織は2010年，当時大阪の大学 2 年生の川口加奈さんが設立した。彼女が初めてホームレスの人の存在を知ったのが14歳のとき，その後炊き出しなどのボランティアに参加し，ホームレスの人たちに話を聞き，「学校に行けなかった」「けがや病気で働けなくなった」「高齢になって仕事がなくなった」など，ホームレス状態になるのは自己責任だと片付けられないことを知る。そんなあるとき，川口さんはホームレスの人から「どうやったら路上脱出（してホームレス状態でなくなることが）できるかな？」と尋ねられたのだが，そのときうまく答えられなかったという。そういう経験から，彼女は，ホームレス問題を解決するにはボランティアに参加するだけではダメで，社会そのものを変えていく必要があると考えるようになった。Homedoor は，その思いから生まれたのである。川口さんは，毎日のようにホームレス状態にあった人と話をし，その人の経験，どんな仕事や暮らしをしているのか，困っていること，何が必要なのかを聞き出し，そこから Homedoor のさまざまな事業をつくり出していった。HUBchari も，会話のなかからホームレスの人たちには自転車修理の特技があると知ったのがヒントになった。

　Homedoor という名前には 2 つの願いが込められている。1 つは，駅のホームからの転落を防止する「ホームドア」のように，人生のホームからの最後の転落防止柵になること，もう 1 つは「誰もがただいまと帰ることのできる温かいホーム（＝居場所）への入り口」になることである。その実現のために，Homedoor は「ホームレス状態を生み出さない日本に」をミッション（組織の使命）に掲げている。そして，「6 つのチャレンジ」として，①「届ける」，②「選択肢を広げる」，③「"暮らし"を支える」，④「"働く"を支える」，⑤「再出発に寄り添う」，⑥「伝える」を取り組みの柱にしている。ホームレスの人に情報を届け（①），相談にのり（②），居場所づくりや健康サポートなどで暮らしを支える（③）。そして，金銭管理のサポートや仕事の提供などで働く最初

写1-1　HUBchari のポートで働く人

出所：Homedoor 提供。

のステップを後押しし（④），再出発後も見守る（⑤）。また，ホームレス問題という日本社会で見過ごされがちな問題を社会に訴える活動（⑥）も進めている。2020年度，Homedoor では1104人の相談を受けている（Homedoor2021）。

■ 多くの人を社会に包み込む──NPO の強み──

「生活保護など福祉のしくみもあるのに」と思う読者もいるかもしれない。しかし，Homedoor に支援された人は，「役所のケースワーカーはたくさんのケースを抱えているので１人ひとりに深く関わることはなく，『就活してください』という指導だけなのでハードルが高かったです」と語っている。（Homedoor 2016）。ホームレス状態になると，失うのは仕事や住居だけではない。家と学校とバイト先を一度になくした状態を想像してほしい。人との付き合い，安心して受け入れてもらえる居場所，生活に必要な情報も手に入らなくなる。社会から取り残され，社会の一員として扱われない状態を**社会的排除**という。そんな人をもう一度社会のなかに包み込み，１人ひとりが社会に参加することを目指すのが**社会的包摂**である。

Homedoor は，相談に来た人が抱えている事情に応じてきめ細かな対応を行い，再出発の支援をすることで社会的包摂に取り組んでいる。こうした対応で難しいのは，実際のケースでは複数の課題が重なっていることである。宿泊や食事はもちろん，仕事の希望，持病や借金などへの対応も必要である。仕事の問題１つをとっても単純ではない。例えば，Homedoor の相談者全てがHUBchari で働いているわけではない。病気や障害などの事情で，生活保護を利用しながら少しずつ働くことから始める人も多い。その人ができる／やりたい仕事を見つけていくことが重要である。Homedoor では現在，有給スタッフが11人，これに加えて講習を受けた相談対応を行うボランティアが数十人いる。社会的包摂の実現には多くの人の力が必要なのである。

　「市役所がもっと頑張るべきだ」
という意見もあるだろう。だが，市
役所にも限界がある。ホームレスの
人が生活保護制度で生活を立て直す
場合を考えてみよう。生活保護制度
は，市役所に出向いて申請しないと
利用できない。生活が苦しい人がい
ても，本人が制度を知らない，ある
いは「誰かの世話になるのは恥ずか
しい」などの理由で役所に来ない人
は助けられない。また，市役所の職

写1-2　Homedoor を訪れた相談者とス
　　　　タッフとの歓談

出所：Homedoor 提供。

員は行政改革で年々減り人手も足りない。Homedoor のような NPO が行う
サービスの提供や，社会問題についての情報発信は，社会的排除の問題に取り
組むうえで重要な役割を果たしている。

2　NPOってなんだ？

■「非営利」って何？

　「NPO」という言葉は，英語の nonprofit organization がもとになっていて，日
本語では**非営利組織**という。似たイメージの言葉に「ボランティア」があるが，
こちらは社会問題の解決のために動く「個人」に注目する。一方，NPO は，
組織（organization）に注目する。個人の力も大事だが，効果的，継続的に問題
解決を進めるには，人や資金をまとめて動かせる組織も重要だからである。
　NPO の nonprofit とは利益（profit）を否定することだが，ここには，「利益を
求める組織である企業とは違う」という意味が込められている。たとえば株式
会社だと，出資者（株主）に利益を分配するのが経営上の大きな目的であり，
そのために利益を多くあげることが重要になる。NPO の場合，利益の追求よ
りも，ミッションに掲げた社会問題解決や社会への貢献が重視されるので，
「営利ではない」＝「非営利」となる。
　一般的には，経営を担う役員や，出資者に利益を分配しないというルール

（これを**非分配制約**という）に従う組織が非営利組織である。役員や出資者に利益の分配が可能だと，社会への貢献よりこれらの人々の取り分が増えるような経営が重視され，利益を分配しないルールが尊重されていると，組織が社会への貢献に向かいやすいと考えられている。

　多くの国では，非営利の組織が盛んに活動すれば社会にプラスになると期待して，非営利の組織設立を促す法制度の整備や，税制上の優遇をしている。日本にも同様のしくみがあり，その代表的なものが1998年に制定された**特定非営利活動促進法（NPO法）**である。1995年の阪神・淡路大震災などをきっかけにして，1990年代後半には，市民がさまざまな社会問題の解決に力を発揮するようになっていた。そうした動きの中から，市民による公益活動の促進を目指すNPO法が制定されたのである。明治以来，日本では公益的な活動を行う組織が法的地位（法人格）を得るために厳しい条件をクリアし，政府から認可をもらう必要があったが，NPO法では，「NPO法人を設立したい場合は基本的に認める」こと（**認証**という）にした点で画期的なものであった。NPO法をもとに設立された組織は**特定非営利活動法人（NPO法人）**と呼ばれている。Homedoor はNPO法にもとづくNPO法人である。一般的には，NPO法に基づき設立された組織かどうかを問わず，社会全体にプラスになる公益的な活動を行う民間組織を，広く「NPO」と呼ぶことが多い。この章でも「NPO法人」はNPO法に基づく組織，「NPO」は広い意味で使う場合と区別しておく。

　NPO法には，NPO法人に関する寄付を促す仕組みがある。これは，所轄庁（NPO法人の認証や監督を行う役所，基本は都道府県）が認めたNPO法人に寄付する人の税金を安くし，寄付してもらおうという制度である。ここで認められたＮＰＯ法人は「**認定特定非営利活動法人**」（**認定NPO法人**）といい，Homedoor も認定NPO法人である。この制度は，本来税として政府に入ってくるお金の一部をNPOの寄付に回す仕組みと考えることができる。

■ NPO法人のテーマ，そしてお金

　ここで，「NPO法人」のデータを紹介し，社会のなかでの存在感や組織としての特徴の一端にふれておこう。まずNPO法人の数である。2021年度末の段階で，５万783のNPO法人が全国に存在している。そのうち認定NPO法人数

は，1235である。

　NPO 法人はどんなテーマを掲げて活動しているのだろう。ＮＰＯ法は，NPO 法人が行う社会貢献活動として，20の分野を規定している。20分野のうち上位５つは，①「保健・医療・または福祉の増進」，②「社会教育の推進」，③「子どもの健全育成」，④「団体の運営又は活動に関する連絡，助言又は援助の活動」，⑤「まちづくりの推進」である（内閣府 NPO ウェブサイト）。

　資金面を見てみよう。内閣府が2020年度に全国の NPO 法人に行った調査では，特定非営利活動事業（NPO 法人が行う基本となる事業）の収益が年間1000万円を超えると回答したのは有効回答数の42％，１億円を超えると回答した組織もあった。一方，年間500万円以下と回答した組織も48.2％，０円と回答した組織も8.5％あった。約半数の組織は財政的には小規模であることがわかる。時期は異なるが，特定非営利活動事業収益の内訳も見てみよう。2017年度の同様の調査では，特定非営利活動事業収益の内訳について，「事業収益」が77％，次いで「補助金・助成金」が10.9％，「寄附金」が8.0％，「会費」が2.8％である。ほとんどの NPO 法人が事業収入を柱とし，これにいろいろな収入を組み合わせて資金調達をしている（内閣府2018；2021）。

　「非営利」というと，お金儲けに一切関わらないイメージを持たれがちだが，実はもっと複雑である。再び Homedoor を振り返ろう。2020年度，Homedoor の経常収益（収入）は，約１億2700万円である。そのうち，約6000万円が寄付，HUBchari を含めた事業全体の収益が約5800万円，助成金が約470万円である。HUBchari などの事業は収益の柱となっているが，Homedoor の事業はそれだけではない。ホームレスの人に手を差し伸べ，相談を受け再出発してもらうまでの支援はお金儲けには程遠いし，コストだってかかる。「ホームレス状態を生み出さない日本に」というミッション実現のために，Homedoor は，事業活動による利益，寄付や助成金による資金も集めている。

　NPO がミッションを実現するにはどう資金を調達するのがいいのだろう。事業で利益をあげてミッション実現に回すのは，自立した経営という点で理想的だが，利益をあげるのは簡単ではない。補助金など政府からの資金も考えられるが，税から支出されるので，使い道や使う期限に制限があり，使い勝手はあまりよくない。もう１つの資金源が，市民や企業からの会費や寄付である。

2010年の日本の寄付総額は8804億円でGDPの0.18％であった。同じ年のイギリスは1兆4914億円でGDPの0.75％，アメリカは25兆5245億円でGDPの2.01％であった（内閣府ウェブサイト）。日本には「寄付の文化」が根付いていないという指摘もある。経常収益の半分近くを寄付が占めるHomedoorのようなNPOは，実は少ない。また，寄付は「いつ，どのくらい集まるか」は予測できず，寄付頼みでは組織の運営は不安定になる。Homedoorでも，HUBchariの事業拡大で組織として自由に使える資金が増えることを期待している。ミッションを実現するにはお金が欠かせないが，NPOとお金の問題は，組織の経営，そしてNPOに対する社会の姿勢も映し出している。

3 3つの「セクター」と協働

■ 3つのタイプの組織，3つの領域

　Homedoorの取り組みは，ホームレス問題のような地域の問題について，市役所にできること，NPOにできることが異なっていることを教えてくれる。地域の現場で実際にいろいろな問題を解決するには，得意分野の違う組織が協力して動くほうがいいということである。ここで，どんなタイプの組織がどんな得意分野や不得意分野を持つかを整理しておこう。

　市役所（国や都道府県も同じ特徴を持つので，まとめて「政府」という）には，法律などのルールにもとづき，誰にでも平等・公平なサービスへのアクセスを保障し，税金で確実にそのサービスを実行できる強みがある。その一方で，平等・公平という原則があるため，均一・画一な対応になりがちで，きめ細かくサービスを届けるのは不得手である。また，効率性が軽視されて**政府の失敗**が起こるという批判もある。

　NPOの場合，ミッションを掲げてテーマや対象を絞っているので，対象者や地域の状況に合わせて対応できる。問題を発見し，状況の改善を社会に訴える**アドボカシー**や，前例に縛られずにユニークな事業を立ち上げる提案力も強みである。しかし，NPOには税のような安定した財源がなく，資金や人材など組織としての基盤は弱い。また，市民が起こした事業なので専門性が十分でない可能性や，ミッションに掲げている以外の問題や人々には目が向きにくい

表1-1　3つの社会セクター

	政府セクター（第1セクター）	市場セクター（第2セクター）	市民セクター（第3セクター）
社会的主体	政府（国家・自治体）	企業	NPO・ボランティア・協同組合など
社会的価値	平等・公平	利潤追求	生活・生命（非平等・非公平）
行動の規範，サービスの特質	均一・画一	対価性	個性・個別・多様
基本財源	税金	取引による対価	会費，寄付，助成金，サービスの対価
失敗	政府の失敗	市場の失敗	ボランタリーの失敗

出所：山岡編（1997：152）の表に筆者加筆。

面もある（これらの弱点は**ボランタリーの失敗**と呼ばれる）。

　もう1つの担い手が企業である。本書の**第3章**で見るように，中小企業や企業が集まった地域経済団体もまちづくりに参加している。企業の場合は，利益の追求が重要で，取引相手から対価を受け取れるサービスを柔軟に生み出せる強みがある。NPOよりも資金や人材などが豊富で，スピード感をもってサービス開発ができるのも長所である。しかし，企業のサービスは支払いができない人には提供されず，不平等の是正といった問題には対応できない（これは市場の失敗と呼ばれる）。また，対象となる人が少ないと利益も小さくなるので，NPOのように少数の人に対応した支援を行うとは限らない。

　社会全体は，これら3つのタイプの組織からつくられている。見方を変えれば，社会にはたくさんの政府（国や自治体の政府），たくさんの企業，たくさんのNPOでつくられた3つの領域で成り立っているわけで，この各領域をセクター（部門）という。政府の領域は**政府セクター**（または第1セクター），企業の領域は**市場セクター**（または第2セクター），そしてNPOの領域は市民による組織の領域という意味で**市民セクター**（または第3セクター）と呼ばれている。NPO法人のHomedoorは，「市民セクター」に含まれる。**表1-1**では，政府，市場，市民の3つのセクターの特徴をまとめているので参考にしてほしい。

■「協働」による地域の課題解決と NPO

　Homedoor の例は，NPO と異なるタイプの組織のコラボが，互いの組織にとってプラス，かつ地域の問題解決を進めることを示している。NPO はホームレスの人にていねいに寄り添い，必要に応じて生活保護など市役所の支援のしくみを利用する。困っている人を把握しきれない，画一的になりがちという市役所の弱みがカバーできる。一方，NPO には法律にもとづく権限や，税金といった財源はないが，市役所の担当する生活保護につなげることで相談に来た人の状況を改善できる。企業との関係でも同様である。企業はシェアサイクルのシステムを一緒に運営したり，ポートを提供したりして，社会貢献を行い企業のイメージアップが図れる。Homedoor の支援が路上からの脱出の最初のステップとなっているのは，社会問題に焦点を当てた NPO に市役所，企業がコラボしているからなのである。このように，いろいろなタイプの組織が同じ課題の解決のために対等の立場で協力することを**協働**という。

　「協働」には国も自治体も注目している。高齢化が進み，災害リスクが高まるなかで，地域で安心して暮らすには今まで以上にいろいろな人や問題への目配りが必要である。だが，次のデータを見てほしい。NPO 法成立の1998年，地方公務員の総数は約325万人，2021年は約280万人である。支える必要は高まるのに，政府の対応力は縮小し，そこに「すきま」が生じている（総務省 2005）。協働には，政府の負担を増やさず地域を支える方法という面がある。自治体のなかには，助成金制度や活動拠点となる施設をつくり，NPO を支援するところも登場しているが，その背景にはこうした事情もある。

　しかし，NPO は「すきま」を埋める便利なお助け隊ではない。NPO は，見過ごされがちな問題を発見し，その解消をミッションに掲げて活動する。NPO は，社会がまだ十分認識していない課題に取り組むからこそ，社会に訴えるアドボカシーを行うのであり，これまでにないサービス提供の手法をつくり出し，政府や企業を巻き込む協働を行うのである。そう考えると，NPO は，社会に対する新しい見方，課題に対する新しいアプローチを地域にもたらす水先案内人といえるだろう。

☑ 調べてみよう・考えてみよう

① 内閣府の web ページにアクセスして，住んでいる市町村にある NPO 法人の数と分野について調べてみよう。

② 「年収1000万円の NPO 法人のスタッフ」はアリだと思いますか。ナシだと思いますか。考えてみよう。

③ 地域の課題に取り組むうえで，NPO にはどのような強みがあるか考えてみよう。

📖 おすすめ文献

① 川口加奈，2020，『14歳で"おっちゃん"と出会ってから，15年考えつづけてやっと見つけた「働く意味」』ダイヤモンド社．

　　川口さんの自伝。ホームレス問題に関心を持って Homedoor を立ち上げ，現在に至るまでが，うまくいかなかった経験も含めてつづられている。社会的に意義のある事業をどう立ち上げ，マネジメントするかが見えてくる。

② 中村安希，2016，『N 女の研究』フィルムアート社．

　　学歴，職歴が高いハイスペックな女性たちが，NPO に転職する動きがあるという。それはなぜ？　NPO のどこに魅力を？　女性の生き方や働き方，「失われた20年」の時代に育った世代の働き方としても読める。

③ 社会福祉法人大阪ボランティア協会編，2011，『テキスト市民活動論』大阪ボランティア協会．

　　1965年創設の老舗のボランティア支援組織による本。個人によるボランティア，組織としての NPO，企業の社会貢献活動など，市民セクターに関する基本的な考え方をコンパクトにまとめている。

【栗本裕見】

第**2**章

"ご近所の底力"ってどういうこと？
──地縁型組織の強みと課題──

1 みんなが集まる「食堂」

■ 食べるだけじゃない「食堂」

　2022年4月の土曜日，大阪市港区の田中地域（「大阪市立田中小学校」の校区，2020年の人口約8800人）の会館で「田中食堂」が開かれた。田中食堂は，2017年から地域のボランティアの人たちが運営している「食堂」である。この日のメニューはカレーライスで一人100円。新型コロナウイルス感染症対策で，小学生のみの事前予約制，84人が参加した（写2-1）。

　会館の別室には「すまいるひろば」と呼ばれるコーナーがあり，食事が終わると自由に利用することができる。机，筆記具，本などが置かれ，女性の指導員もいる。ここでは遊んでも学習してもよく，食事だけでなく交流や学習もできる。後述のように，以前は大人も田中食堂を訪れることができ，多世代が楽しむ場として地域に根付いていた。コロナ禍で状況は少し変わってしまったが，田中食堂は地域の交流の場としての役割を果たそうとしている。

　読者の中には，「こども食堂」，「みんな食堂」という言葉を聞いた人もいるかもしれない。田中食堂のような「食堂」は，飲食ビジネスとして利益をあげるためのものではない。形は食堂だが，ねらいは地域の課題解決である。「NPO法人全国子ども食堂支援センターむすびえ」（以下，むすびえ）が2021年に行った調査では，「子どもが一人でも行ける無料または低額の食堂」と定義される「こども食堂」は，少なくとも全国に6014か所ある。日本でこども食堂が誕生したのは2012年といわれ，この10年ほどの間に大きく広がっている（全国子ども食堂支援センターむすびえ，2022）。

■ 世代をこえて浸透

「こども食堂」は，子どもの貧困対策の場だとイメージする人もいるかもしれない。たしかに，食べられない子どもに食事をという思いから始まったケースもある。しかし，田中食堂のようにこども食堂を地域の人々の交流の場と位置づけていることも多い。むすびえの定義も二つの機能を含んでいる。

田中食堂では，色んな企画で参加者を広げている。「すまいるひろば」では子育て中の親子向けのイベントを開いたり，2020年からは障がいを持つ人，持たない人が手作り教室や体操などを一緒に楽しむ「福祉のひろば」を始めたりしている（コロナ禍で中断，2022年

写2-1　子どもたちでにぎわう
　　　　田中食堂

出所：田中食堂提供。

春の時点では再開に向けて準備中）。コロナ禍以前の2019年度，1回の平均参加者は210人，うち大人110人，子ども100人であった。地域の大人に人気があることがわかるし，子どもの参加者は田中小学校の児童数の3割以上に相当する。

むすびえの2021年調査では，こども食堂参加者数を尋ねているが，「大人」（18歳以上，高齢者を除く）が「101人以上」参加しているのは0.8％，「高齢者」（概ね65歳以上）だと「101人以上」の回答は0.1％である。単純な比較はできないが，大人100人以上が参加するのはかなり珍しい。田中食堂は，地域の人々が気軽に立ち寄れるコミュニティ・カフェに近いかもしれない。

■ 地域に根付いた組織との関わり

田中食堂が地域に浸透している理由のひとつは，地域に根付いた組織がベースになっている点にある。「食堂」の運営は，「田中地域活動協議会」（以下，田中地活協）の中のボランティアグループが行っている。田中地活協は，田中小学校区で活動している町内会（大阪市では地域振興会という）やPTAなど，多くの地域住民が知っている，参加している組織で構成されている。田中食堂の運営は，田中地域の人や組織の力を借りながら行われている。小学校に協力して

もらいチラシを配布したり，PTA に声をかけて調理ボランティアに登録して
もらったりしている。時には町内会関係者からデザートの差し入れもあるそう
だ。なじみ深い地域の組織がやっているからこそ，多くの人の交流の場になっ
ている。

　だが，むすびえの調査では，運営主体が「自治会・町内会等」だという回答
は4.9％と少ない。田中食堂のように町内会なども関わる形の「食堂」がもっ
と広がってもよいのに，必ずしもそうではないのはどういうことなのか。この
章では，地域をベースにした組織に注目し，まちづくりとのかかわりを考えて
いきたい。

2　地縁型組織と「つながりの力」

■ もう１つの「市民セクター」組織

　第1章では，社会には政府，市場，市民という３つのセクターがあることを
みてきた。この区分に従うと，田中地活協は政府でも営利企業でもなく，市民
セクターの組織である。だが，第1章の NPO とは少し違う特徴を持ってい
る。NPO は，テーマをミッションとしてかかげ，自分たちが目を向ける社会
問題やサービスを提供する相手を明確にして活動する。こういう組織を**テーマ
型組織**と呼ぶ。一方，田中地活協やそれを構成する町内会などの組織は，田中
地域という特定の地域と住民に関連した活動を行う組織である。このように，
地域に焦点を当てた組織を**地縁型組織**という。地縁とは，同じ土地に住んでい
る人たちの間に生まれるつながりのことである。それが組織の基礎にあるのが
地縁型組織である。市民セクターには，テーマ型組織と地縁型組織が存在する
わけだ。

　注意してほしいのは，地縁型組織は「テーマを持たない」わけではないとい
うことである。地縁型組織には，**自治会・町内会**，了ども会，PTA や消防団，
老人会などさまざまなものがある。ここには，子ども会や PTA のように対象
やテーマがある程度はっきりした組織もあるが，その場合でも，参加者や活動
エリアが「○○小学校の学区」に限られているなど，組織と地域が切り離せな
い形になっているのが地縁型組織である。

　地縁型組織の存在感は非常に大きい。たとえば，NPO 法人は全国で約 5 万超，その多くは東京都，大阪府，神奈川県など大都市圏に集中している。一方，自治会・町内会は全国のほとんどの地域に存在し，その数は約30万である。また，公立の小中学校は全国に約 2 万9000校あるし，PTA もその数だけある。多くの地域にとって，地縁型組織は地域の課題解決に活用できる資源（**地域資源**）といえるものであり，この資源を上手に使えているかどうかの差は大きいと筆者は見ている。

■「つながりの力」が役に立つ

　同じ土地に住む人どうしのつながりは，いざというときに力を発揮することがある。被災したとき，いち早く「近所の○○さんがいない。救助が必要かも」と気づくのは，もともと近隣住民が互いに知り合いだからである。このような，人のつながり（ネットワーク）が持つ力は，近年**ソーシャル・キャピタル**（**社会関係資本**）と呼ばれて注目されている。

　ソーシャル・キャピタルは，①信頼，②"お互い様"から生まれる協力，③ネットワークの 3 つから成り立っている。この 3 つはそれぞれ連動して互いを強め合う関係にある。信頼している人どうしは"お互い様"で協力できるし，協力し合うと信頼が高まり，ネットワークも強くなる。また，ネットワークが強くなると，協力関係も深まるし，それにつれて信頼も増していく。そして，3 つの要素の好循環が生まれると，人々の利己的な行動は抑えられ，社会的な効率が高まる。だから，こうしたつながりの力を増やしていくことが望ましいと考えられている。

　ソーシャル・キャピタルはネットワークがあるところに生まれるが，どのようなネットワークがベースになっているかで，そのあり方も違う。たとえば，同じ国から移民してきた人たちが移民先で助け合うためにつくるネットワークと，地球温暖化防止を目標にした環境団体のネットワークの 2 つを考えてみよう。前者のメンバーは基本的に「○○国出身者」に限定されるが，後者だと出身国や民族，人種は関係ない。前者のような，特定のメンバーの同質性にもとづく結びつきを重視するネットワークは，内向きの結束を強める「結合型」のソーシャル・キャピタルをつくり出す。一方，異質な人や組織を結びつける後

者のネットワークは，「橋渡し型」のソーシャル・キャピタルを生み出す。結合型とは違い，こちらは外部への開放性が特色である（内閣府 2003）。

　日本の地縁型組織は，結合型のソーシャル・キャピタルの宝庫だと評価されている。その理由を，自治会・町内会に焦点を当てて見ていこう。すぐ後でもふれるように，自治会・町内会は地域全体をメンバーとする組織であり，PTAや子ども会，老人会など他の地縁型組織とは，実質的にはメンバーが重なっている。それゆえ，ここでは地縁型組織の代表だと考えておく。

3　ソーシャル・キャピタルの宝庫

■ 地域まるごとメンバー，生活まるごとカバー

　自治会・町内会は，「町又は字の区域その他市町村内の一定の区域に住所を有する者の地縁に基づいて形成された団体」と国は定義している。要は，市町村よりも狭い一定のエリアの住民を，地縁を理由にまとめた団体である。自治会や町内会のほか，部落会，区会，区，集落など地域によって呼び方は多様である。

　自治会・町内会の組織の特徴を見ておこう。1つはメンバーである。テーマ型組織では，テーマに賛同した人が会員になったり寄付したりする。逆に，会員にならない，寄付をしない自由もある。自治会・町内会は必ずしもそうではない。入会が強制されるわけではないが，同じ地域に住んでいるという理由で，とりあえず該当者をメンバー扱いにするのが一般的である。もう1つは，エリアが重ならないことである。A市とB市の市域が重ならないように，自治会どうしの範囲も重ならず，地理的にすみ分けられている。

　自治会・町内会の活動は多彩である。盆踊りや祭りなど地域の行事や文化活動，年末の夜回りなどの防犯や防火，防災の活動，公園の掃除など環境美化については知っている読者もいるだろう。他にも，高齢者への訪問などの社会福祉活動，地域によっては結婚式や葬式の手伝いなど慶弔関連の活動もある。同じ地域に住むことで直面する共通の課題に，住民が共同して対応してきたのが自治会・町内会である。

　「近所で結婚式の手伝い？　ありえない！」と思う人もいるだろう。だが，

自治会・町内会の歴史的な起源は，近代以前にさかのぼることができ，そもそも当時は市役所もブライダル産業もなかった（岩崎ほか 2013）。その頃は，農林漁業が人々の暮らしを支えていた時代で，田畑の用水路の管理など，人々が地域のなかでまとまり協力しないと生活そのものが成り立たなかった。こうした共同作業を重ねてきた歴史的な経験が，現代の自治会・町内会の活動の幅広さにつながっている。

　自治会・町内会は，地域の全員（全世帯）を「同じ地域に住んでいる」同質性をもとに1つの組織にまとめ，共同での作業を通じてメンバーの生活を支えてきた。これが，自治会・町内会が結合型のソーシャル・キャピタルの宝庫だという理由である。田中食堂は，地域でソーシャル・キャピタルを蓄積してきた地縁型組織の力が，「食堂」の取り組みにうまく活用されているケースだと評価できる。

■ 長所は短所

　自治会・町内会にこれだけ力があるなら，地域の課題解決も任せておけばよいといいたいが，長所は短所でもある。自治会・町内会には活動のマンネリ化，新しい課題への対応が苦手という弱点がある。第一の理由は，自治会・町内会が地域の全世帯をメンバーにする組織だからである。地域には自治会の活動にまじめに取り組む人もそうでない人もいる。そうすると，仕事をしないのに，まじめにやった人の恩恵を受ける**フリーライド**（ただ乗り）という状況が生まれる。「教室の掃除当番をサボっても，結局サボらない子が掃除したきれいな状態で勉強できる」のと同じである。自治会・町内会では，こういうフリーライドを起きにくくする工夫がされている。役を当番制にするやり方である。たとえば1年に1世帯が役になるかたちだと，他の世帯に押しつけにくいし，いずれは当番が回ってくるので，負担は平等になる。だが，これにはデメリットもある。

　1つは，短期間で担当が変わるので，複雑な処理を伴う仕事はやりにくいことである。当番制だと短期間で担当が変わり，引き継いで仕事に慣れた頃に次の担当と交替，また引き継ぎから始めて……となる。もう1つは，「前任者と同じようにやる」のが重視されがちになることである。仕事のやり方を変えた

り，新しい仕事を始めたりすると，引き継ぎに手間がかかり新しい担当者から「仕事を増やされた」と反発されるかもしれない。住民どうしの関係を考えれば，変えないほうが無難ともいえる。これらの理由で，自治会・町内会は，新しい事業を始めたり，柔軟に見直したりが苦手なのである。

第二の理由は，自治会・町内会が役所に頼られてきた存在だということである。背景には歴史的な経緯がある。明治以降の日本では，「富国強兵」の実現などのため，国家に資源を集中させていた。町や村など地方の政府に分配される人材や資金は少なく，それを地域が補っていた。小学校も明治の初期は，地域の住民がお金を出して設立したくらいである（和崎 2014）。第二次大戦中には，町内会（戦前は自治会とは呼ばなかった）が，生活用品の配給や回覧板での情報伝達など，戦争を行うしくみの一部になった。戦後，この関係はいったん解消されたが，占領終了後に復活した。今でも，多くの市役所が，自治会・町内会に，①行政連絡文書や資料の配布，回覧，掲示，②民生委員・児童委員などの委員の推薦，③地域の総意としての要望のとりまとめなどを頼んでいる。自治体が地域の力を利用する関係が続いているわけである。これも，自治会・町内会の活動が固定化する一因である。

活動マンネリ化の可能性がある一方，地域全体では，高齢化などの影響で実際に動ける人が少なくなっている。都市部では加入率が低下しているところもある。地域での存在感が大きいとはいえ，自治会・町内会にどこまで期待できるのかが問題になるのである。

4 地域の課題解決力アップをめざして

■ 市の政策を活用した田中食堂

ここで改めて田中食堂のケースを振り返っておこう。実は，田中食堂は古くからの活動がリニューアルされたものである。この地域では，一人暮らしの高齢者に地域のボランティアが調理した食事を提供する活動が20年以上行われていた。だが，ボランティアの担い手や利用者が固定化しがちな状況を変えたいという声も地域からあがっていた。そんなときに田中地活協が設立され，食事サービスを運営していた地域のグループもその一員となった。田中地活協内で

図2-1 大阪市の地域活動協議会

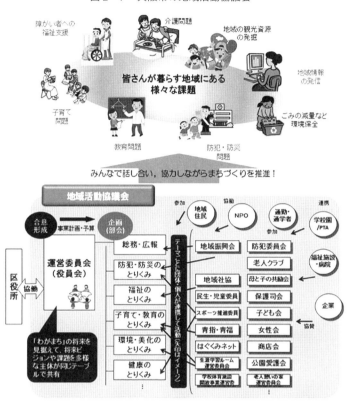

出所:大阪市ウェブサイト(http://www.city.osaka.lg.jp/shimin/page/0000190407.html)。

食事サービスについて議論をすすめた結果,地域全体を対象とする「食堂」に生まれ変わったのである。

カギとなった地活協だが,これは大阪市が地域に働きかけてできたものである(図2-1)。近年,地縁型組織を軸に協力・連携のしくみをつくり,地域の課題解決に役立てようとする自治体の政策が広がっている(第18章)。市民がNPOを立ち上げるのを待つのではなく,今ある組織を結集して地域の課題解決力を向上させようというのである。

田中食堂の場合,地域の組織間でコミュニケーションが増えたことがプラス

に働いている。地縁型組織は，活動する地域は同じでも取り組みは各組織で完結していることが多いのだが，田中地域では地活協ができたことで組織間の交流や議論の機会が増え，食事サービスのリニューアルや「食堂」運営の協力につながった。市の政策が，事業のあり方を変えたいという地域の中の声を後押しするきっかけになり，固定化しがちな事業の形が変化したといえる。

■ 地縁型組織が直面する壁

　読者にとって地縁型組織は身近な存在だろうか。子どもの頃は地域のイベントを体験したが，今はよく知らないという人もいるだろう。では，少し考えてみてほしい。地縁型組織の活動が将来も続いた方がいいだろうか？そして，あなたは将来的に地縁型組織の活動に参加するだろうか？前者の問いについては「まあ，続くといいかも」と思うのではないだろうか。地域のイベントは楽しかったし，防災などで身近な地域での備えも重要だ。

　問題は後の方の問いである。データを紹介しよう。2020年に広島市が行った調査では，町内会長が運営で困っていることの上位３つは，「役員が高齢化している」，「役員のなり手（後継者）が見つからない」，「町内会・自治会への加入世帯が減っている」である。同年に住民を対象に行った調査では，町内会加入者が加入してよかった理由上位３つは「顔見知りが増えた」，地域の行事の開催情報を入手し，参加できた」，「行政の発信する情報が入手できた」であった。逆に加入者が大変だ，不満だと思うのは「特にない」が最も多いが，次は「班長の仕事が多かった」であった。そして，町内会非加入の人にその理由をきくと，「班長や役員を引き受けることになるのが面倒，嫌」，「加入方法が分からなかった」，「活動に協力する時間が取れない」が上位にあがった（広島市2021）。浮かび上がるのは，「活動はいいことだと思うけど，正直負担だ」という人びとの思いと，その打開策が見つかっていないことである。仕事や家族の形も変化し，以前のように地域の活動に参加するのは難しくなっているのに，組織や活動のあり方を容易に変えられない壁がある。後継者に悩む現在の役員たちがやがて引退することを考えれば，地縁型組織とその取り組みは縮小する可能性もある。田中食堂の例は有力な解のように見えるが，果たしてどの地域でも応用できるのだろうか。

　地縁型組織や地域に蓄積されてきたソーシャル・キャピタルなどを活用し，地域での課題解決につなげられるか。読者自身の関わり方も含め，「ご近所の底力」を改めて考えるチャンスかもしれない。

☑ 調べてみよう・考えてみよう

① 地元のまちの地縁型組織の活動にはどのようなものがあるか調べてみよう。
② 海外には日本のような「自治会・町内会」にあたる地縁型組織はあるだろうか。web 等で調べてみよう。
③ なぜ田中食堂のような地縁型組織がベースになった「食堂」は少ないのだろうか。考えてみよう。

📖 おすすめ文献

① 紙屋高雪，2014，『町内会は義務ですか？』小学館.
　　団塊ジュニア世代の著者が町内会長になり，翻弄される。そしてついに「会費なし・義務なし・手当なし」の「新町内会」を提案する。著者はなぜ，わざわざ町内会を「つくる」決断をしたのか？　考えてほしい。
② 今村晴彦・園田紫乃・金子郁容，2010，『コミュニティのちから──"遠慮がちな"ソーシャル・キャピタルの発見』慶應義塾大学出版会.
　　長野県の女性たちによる「保健補導員」活動は，地域住民の健康を守る役割を果たしている。この成果は，地域の「役」として参加するなかから生まれたものであり，欧米とは違うソーシャル・キャピタルの可能性を示している。
③ 湯浅誠，2021，『つながり続けるこども食堂』中央公論新社.
　　むすびえの理事長である著者は，貧困問題に長年取り組み，子ども食堂のネットワーク化にも早くから取り組んできた。子ども食堂を貧困対策としてだけでなく，年代を問わず交流や居場所としての価値を持つととらえ，その可能性についてもふれている。

【栗本裕見】

第3章

地域の繁栄は自社の繁栄？
―――中小企業・地域経済団体による「自治」の姿―――

1 中小企業と地域経済団体

■ 地域社会の主体としての中小企業

　第1章で紹介したように，地域社会は，市民，市場，政府という3つのセクターから成り立っている。このうち，本章では，**市場セクター**の中心的主体（アクター）である「**企業**」に注目したい。企業の第1の目的は，いうまでもなく，「利益」をあげる（儲ける）ことである。ただ，企業といっても，営業利益が3兆円に近いトヨタ自動車株式会社などのグローバル規模の大企業から，家族で経営する小規模企業までさまざま存在している。

　このうち，地域社会に関わりが深いのは大企業よりも**中小企業**である。第1に，中小企業は事業所数で99.7%，従業者数で約70%と，圧倒的に占める割合が高い。第2に，大企業は都市部に多く，従業員もさまざまな遠方から集まっているのに対し，中小企業は都市部に限らず存在するし，従業員は近くに住んでいる場合が多い。また，中小企業は，工場，商店，開業医など独立して自ら事業を営む「**自営業**」であることが多い。国勢調査の定義では，自営業は自営業主と家族従業者，家庭内職者を含んだものとされており，より地域との関係が深い。第3に，取引先企業やお客さんが近くに存在していることが多い。たとえば，製造業の場合，材料の仕入れ先である中小商社や，つくっているモノを加工してくれる小さな町工場は，自社の近くに存在していることが多い。商店街のお店の場合，お客さんは近くに住んでいる人たちである。第4に，中小企業は，地域の祭りに花代（寄付金）を出すなど，地域社会の行事に関わることが多い。第5に，陶磁器や織物といった伝統工芸品や地場産業の多くは中小

企業によって担われており，伝統技能や文化の継承にも重要な機能を果たしながら，地域社会の主役として誇りをもって活動している。第6に，大企業は経営上有利な条件のところへ容易に工場や本社を移転することが珍しくないが，中小企業は移転費用や新しい労働力を確保することが難しく，簡単には移転できない。たとえば，経営不振にあえぐ大企業パナソニックの中心的な事業会社パナソニック株式会社は，東京に多い顧客への対応を迅速化し，グローバル展開を加速するために，2022年4月に本社機能を大阪府門真市から東京に移転させた。以上の理由から，中小企業は大企業よりも地域社会に定着して関係が深いといえる。

■ 中小企業の集団——地域経済団体——

　さて，地域社会と関係が深い中小企業であるが，単独ではできることに限界がある。現実の地域社会では，中小企業が多く集まって団体をつくり（これを「地域経済団体」と呼ぶ），共同で経済活動を行ったり，共通する利益の実現のために中央・地方政府に要望を出したりと，さまざまな活動を行っている。たとえば，家具やタオル，メガネといった特定の製品の産地では，同業者（もちろん中小企業）どうしで協同組合を設立していることが多いが，この場合，材料を共同で仕入れれば安くあがり，つくった製品を売るときには，協同組合の建物などで展示即売会を共同開催すれば，宣伝費のコストダウンにつながるし，人を集めて効果的に販売ができる。また，地方政府に対して地場産業支援を求めるときも，1社よりは協同組合で要求したほうが業界全体の声ということで聞いてもらえるし，より説得力がある。

2　地域経済団体ってどんな組織？

■ 地域経済団体の種類と機能

　「地域経済団体」（表3-1）のうち，誰もが知っているのは，業種別に組織化された同業者団体だろう。たとえば，JA（農業協同組合）は農業者の集団であり，農業をやるという同じ目的を持った個人や事業者が集まってお互いに助け合って生産と生活を向上させる組織（協同組合）である。また，商店街振興組

表3-1　（地域）経済団体の種類

	個別産業	全業種		
地　区	業種別組合	商工会・商工会議所支部		
市町村	業種別組合の上部団体	商工会・商工会議所	中小企業家同友会支部	民主商工会（民商）
都道府県	業種別組合の上部団体		中小企業家同友会	商工団体連合会
地　方		地方別経済団体		
国	業種別組合の全国組織	日本商工会議所	中小企業家同友会全国協議会	全国商工団体連合会
		日本経済団体連合会		

出所：筆者作成。

合は商業者の集団で，販売・購買といった共同事業，街路灯，アーケード，駐車場，休憩所といった組合員と地域の人々の利便を図るための施設の設置と管理を行う事業などを行っている。工業の場合には，金型，プレス，ネジといったさらに細かい業種別組合，産地の同業者によって構成される協同組合，特定の業種ではなくさまざまな業種の企業によって総合的に構成されている商工会議所・商工会，中小企業家同友会，民主商工会（民商）といった団体があって，それぞれ国レベルの組織にまとめられている。また，地方の大企業が中心となって組織化された関西経済連合会や中部経済連合会といった府県を超えた地方別経済団体，日本経済団体連合会という全国組織もある。

　これら「地域経済団体」の果たしている機能は，第1に，メンバーに対して，さまざまなテーマの講演会や学習会を開催し，経営・技術上の相談に応じている。第2に，構成員どうし仲良くなるために親睦会等を開いている。親睦会を重ねて仲良くなれば，互いに信頼関係ができ，共同行動（共同仕入れ・販売・生産調整など）や取引もやりやすい。第3に，地域や業界の利益を維持・発展させるために，政治・行政への圧力活動を展開している。第4に，地域経済団体を通じて，行政施策情報を企業に流したり，逆に，業界・地域経済・企業の情報を行政に流したりすることもある。第5に，地域経済団体の代表者は，自治体の審議会にメンバーとして参加し，自分たちの利益を主張する一方，意見を調整し，具体的な施策を考えたり，要望を行政へ伝えたりしている。第6に，

「地域のために活動」している。地域経済団体の構成メンバーは企業（多くは中小企業）であり，その第1目的は営利の追求にあるが，その集団である地域経済団体は，企業や業界といった個別利益を超えて協力し，「地域のための活動」を展開している。

　以下では，企業（とくに中小企業）とその集団である地域経済団体による「地域のための活動」（第6の機能）の具体的な事例を紹介しよう。

■ 事例：地域のための活動①

　大阪府大東市は，大都市・大阪市の東隣にある人口約12万人（2022年10月1日現在）の衛星都市である。同市の北部はパナソニックホールディングスの本社があり家電産業の下請中小企業が集積する門真市，北東部は四条畷市，そして南部は日本で有数の産業集積地である東大阪市に接しており，同市自体も産業集積地の一角を占めている。製造業，中小企業の占める割合が高い。

　その大東市に立地する明星金属工業株式会社は，1950（昭和25）年に設立された，従業員数90名超の自動車の金型を製造する中小企業である。金型とは聞き慣れないかもしれないが，自動車の部品を量産するときに使用する金属製の「型」のことであり，「たい焼き」の型をイメージしてもらえればわかりやすい。代表取締役社長上田幸司さんは，創業者である祖父そして父から同社を受け継いだ大東生まれ大東育ちの3代目だ。上田さんは大東商工会議所の会員で，役職を務めてきたこともあって，明星金属工業をはじめ多くの中小企業（工業者），大東商工会議所，市内の大学，大東市などをつなげて，さまざまな「地域のための活動」を行ってきた。ここではそのいくつかを紹介しよう。

　まず，大東市立歴史民俗資料館が大東市内の産業発展をテーマに取りあげた「古くて新しいおしごと図鑑」という企画展示（2016年）で，現代における大東市内の発展企業のひとつとして明星金属工業が展示・紹介された。そのお礼にと，明星金属工業が，資料館による"だんじり"の彫り物調査に，自社の3D測定器を使うことを提案して役立ててもらった。また，得られた3Dデータを地元特産物に活かすことを提案して，大東市内のお菓子屋さんでクッキー，ようかん，饅頭などをつくってもらった。

　これをきっかけに大東市教育委員会と関係ができて，大東市立小学校3・4

図3-1　工場MAP

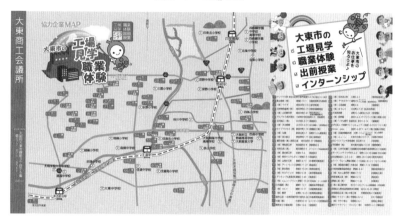

出所：上田幸司氏提供。

年生向けの教科書副読本に明星金属工業が採り上げられ，地域の子どもたちに
同社の存在を知ってもらうことができた。その際，小・中学校の先生が工場見
学や職場体験を受け入れてくれる企業を探すのに困っていると聞いて，上田社
長が受け入れ企業を募って，受入れ人数，体験内容，担当者の連絡先などの情
報を掲載した「工場MAP」をつくって提供したところ（図3-1），先生からと
ても喜ばれたという。その後，受入れ企業数も当初の20社前後から56社まで増
え，現在では大東商工会議所の事業として継続して行われるようになった。

　他にも，明星金属工業の提案で始まった子どもの親を対象にした夏のイベン
ト「親子探検ツアー」や大東商工会議所工業部会主催，大東市・大東市教育委
員会協力という形で，毎年12月に「だいとうキッズファクトリー」というイベ
ントが行われている。これらは大東市内のものづくり企業が参画して，地元の
子どもたちにものづくりを体験し楽しんでもらう活動である。これらの活動に
よって，地域の子どもたちやその親に町工場を知ってもらい，体感し，身近に
感じてもらうという意図がある。

■　事例：地域のための活動②

　とくに注目したい取り組みは，2021年4月に始まった大東市内企業の「合同

入社式・新入社員研修」である。中小企業の場合，新規雇用はあっても年に1，2名と少ないため，新入社員が相談したくても相談できずに離職につながることが多いことから，上田社長が地域ぐるみで人材を育てようと考え，大東商工会議所で意見をまとめて市に提案し実現した取り組みである。大東市，商工会議所，大阪産業大学の産学官連携で，市内各企業の新入社員を企業や業種を超えた「社外同期」として合同入社式・新入社員研修を行い（初年度は延べ17社50名の参加があった），10，20，30年後に市長から勤続表彰される予定である。こういった地域ぐるみで人材を育成し，離職率を減らし，将来的には企業間連携もめざそうとする取り組みは，実は，全国各地で，商工会議所や中小企業家同友会などの地域経済団体主導で行われているものも多く，ものづくりの盛んな神奈川県綾瀬市や茨城県常総市のように自治体が中心となって行われているものもある。大東市は前者のタイプであるが，自治体が産学官連携で表に立っているのが特徴である。

　この取り組みの背景には，産業集積地であっても，中小製造業者には「ものづくりの現場で働く若い人材を確保できなくなる」という危機感があると上田社長は指摘する。これに対して，上田社長が考えた策が工業系高校との連携であった。具体的には，大東市に近い東大阪市西鴻池町にある大阪府立城東工科高等学校と大東商工会議所，大東市とで連携して，2019年度から課題解決型学習を始めた。2020年度は，高校生が，明星金属工業の取引先であるダイハツ工業（株）から派遣してもらった指導員からトヨタ生産方式について学び，実際の生産現場である明星グループの上田産業株式会社（東大阪市）で，生産ラインの改善策を6つ考えた。そして，それらを実際にテストして，効果があった4つを採用したという。2021年度は2年生に放課後に明星金属工業に来てもらって，1日目は金型用ゲージを設計し，2日目はその製作に取り組んでもらうという職場体験に取り組んだ。4年目にあたる2022年度には正課のカリキュラムに組み込んでもらい，「総合的な探求の時間」に大東市内の企業への訪問調査を行っている。これは，工業系の高校生に日常的に大東市内の工場に来て，見て，実際のものづくりを体感してもらうことで，就職につながる可能性を高めようとする試みである。

■ 大東市の取り組みからわかること

　以上の事例からわかることは，第1に，中小企業・地域経済団体が中心と
なって，行政，住民といった諸アクターを巻き込んで個別利益を調整し，地域
の共通利益を得ることに成功しているということである。大東市の場合，中小
企業・商工会議所が，市に「地域のための活動」を企画・提案し，その実施に
も協力するなど，市場セクターの中小企業と地域経済団体が中心的役割を果た
している。第2に，上田社長は「地域のための活動」を「企画」し，人や企業，
団体，行政を「つなぐ」という役割を果たしているリーダーである。ただ，大
東市の場合，アクター間のつながりはまだ初期段階にあり，これから深化・熟
成できれば，もっとさまざまな「地域のための活動」を展開できるだろう。第
3に，「工場 MAP」の製作・提供にみられるように，「地域のための活動」は
経済にとどまらず，教育・まちづくりといった分野にも関連しながら，地域の
抱える問題を解決しているということである。また，縦割になった地方自治体
内の各組織を，中小企業・地域経済団体による「地域のための活動」でつない
でいるともいえる。第4に，こういった取り組みは，実は，中小企業・地域経
済団体による「自治」の姿であり，地域社会の維持・発展につながっている。

3　中小企業と地域経済団体の可能性と展望

　最後にまとめとして5点記しておきたい。第1に，まず中小企業という経済
主体があって，それらの経済活動が地域経済のベースになっているということ
である。職場の近くに住む従業員は，中小企業から得た収入を地元の商店街や
スーパーで食料品等を購入して使い，それが商店の収入になるというように，
お金が地域で循環している（**地域内経済循環⇒第6，8章**）。

　第2に，中小企業は地域社会に埋め込まれた存在だけに，自社の利益だけを
追い求めるだけでは地域社会で生きていくことができない。いいかえれば，中
小企業にとって，地域社会はいわば自社が生きていくうえで必要不可欠な土
壌・水・空気のようなものだといえる。明星金属工業に始まり，大東商工会議
所の会員企業56社に広がった MAP 活動は，工場見学・職業体験・出前授業を
通して，地元の子どもたちが工場を知り，ものづくりに興味を持ち，やがて，

地元の中小企業に就職する可能性につながっている。近江商人の理念といわれる「三方良し（売り手良し，買い手良し，世間良し）」という言葉にあるように，売り手（中小企業）だけでなく，買い手と世間すなわち地域の人たちも満足することを考えて経済活動をすることが重要であり，中小企業は一層地域の人たちの信頼を得る必要がある。

　第3に，とくに地域経済団体の活動は，中小企業1社だけではできないような諸アクターの利益の調整，地域の抱える問題の解決，行政への要望など多くのことを実現できる力を持っている。上田社長には，「かつて1社で動いても，なかなか取り組みを実現できなかった」という辛い経験があったからこそ，地域経済団体である大東商工会議所の同意を得て大東市に提案し，市内企業の合同入社式・新入社員研修を実現できたのである。また，**成功体験**が，次の「地域のための活動」を生み出していることも重要である。

　第4に，上田社長のような「地域のための活動」のリーダーが，自治体，大学・高校等に複数いて，また次世代のリーダーもいれば，中小企業と地域経済団体による「自治」は継続し，安定するだろう。

　第5に，地域経済団体が，1業種からすべての業種を含んで，地域内で重的に存在し活動していること（**表3-1**）は，中小企業どうしの**信頼醸成**に大きく貢献し，ひいては地域社会の維持・安定につながる。ある中小企業者がインフォーマルな勉強会をやる一方で，商工会議所や同業種団体のメンバーであり，他企業と知り合い仲良くなって信頼が醸成されれば，「仲間」ができ，「仲間」だからこそゆずり合って互いの利益を調整し合って地域社会のために協力して活動できる（これをソーシャル・キャピタルという。⇒**第2章**）。大東市のものづくりに関わる中小企業は，かつて家電産業の下請をやった企業が多いため，共通の課題を抱えており，だからこそ，上田社長の提案に共感し，「仲間」として，ものづくり現場の「働き手」を地域で協力して確保しようとしている。このようなアクター間のつながり（ネットワーク）と信頼を形成し，深化・醸成させることが，地域課題解決のための重要なリソースとなり，「自治」につながるのである。

☑ 調べてみよう・考えてみよう

① 自分が住んでいる地域に，どのような地域経済団体があって，どのような活動をしているのか，団体のホームページや新聞記事で調べてみよう。

② 自治体ホームページ内の経済・商工業・中小企業分野のページや新聞記事で，中小企業合同入社式などの「地域のための活動」について調べよう。

③ とくに地域経済団体による「地域のための活動」が，どのような影響を地域にもたらしているのかを考えてみよう。

📖 おすすめ文献

① 佐藤可士和・四国タオル工業組合，2014，『今治タオル 奇跡の復活──起死回生のブランド戦略』朝日新聞出版.

　瀕死の状態から元気を取り戻した地場産業・今治タオルのブランディング・プロジェクトをめぐる取り組みについて，四国タオル工業組合の立場から掘り下げて分析している。

② 西尾栄一，2013，「産業振興条例の制定に向けた民主商工会の政策活動」岡田知弘等『増補版 中小企業振興条例で地域をつくる』自治体研究社.

　地域経済団体である「吹田民主商工会」が，産業振興条例の制定に向けて，具体的にどのような活動を行ってきたか，他の地域経済団体はどのように動いたのか，行政との関係はどうだったのかが具体的に描かれている。

③ 西口敏宏・辻田素子，2017，『コミュニティー・キャピタル論』光文社.

　「ソーシャル・キャピタル」よりも狭い中範囲の「コミュニティー・キャピタル」概念に注目し，どのような型が優れたパフォーマンスを示すのかなど，近江商人，中国温州企業，トヨタを事例に説明している。

【桑原武志】

第4章

社会課題がビジネス・チャンス？
──ソーシャル・ビジネスの台頭──

　地域で課題解決に取り組む主体としてもう１つ，この章ではソーシャル・ビジネスについて考えよう。ソーシャル・ビジネスとは社会的課題をビジネスの手法で解決するものだといわれる。政府が公務員を使い税金を投入して課題を解決するのではなく，民間が代わりにビジネスとして成立させて税金まで納めてくれるなら，とても良い話のように思える。近頃期待されているソーシャル・ビジネス，まずは事例を見てみよう。

1　長野県飯田市「おひさま進歩エネルギー株式会社」

　長野県の南のほう，静岡県と接する飯田市に「おひさま進歩エネルギー株式会社」はある（以下，「おひさま進歩」と表記）。そのネーミングから太陽光発電を手がけていると推測がつくが，他にも森林資源の熱利用や川の流れを利用した小さな水力発電などによってエネルギーの地産地消を進める会社である。

　「おひさま進歩」が多くの人に知られるきっかけになったのは，「おひさま０円システム」だった。太陽光発電を始めたいと考える家庭に「おひさま進歩」が初期費用０円で発電パネルを設置し，パネルのメンテナンスなども含めた電気料金として，９年間は定額を支払ってもらうしくみである。初期費用０円は，潜在的な需要を掘り起こして，地域での自然エネルギーの普及を進めたという。また，余った電力は電力会社に売ることができるため，自家消費を減らすほど売電収入は増えて，「おひさま進歩」に支払う定額料金分をカバーすることができる。省エネを促すしくみでもあるわけだ。

　加えて「おひさま０円システム」は，その事業資金の調達方法でも注目を集めた。日本では先駆けとなる資金調達のしくみづくりに挑戦したのである。見

習ったのはデンマークのしくみで，デンマークでは発電用風車の約8割が，大手の電力会社の所有ではなく，地域住民が出資する協同組合の所有なのだそうだ。それぞれが少額でも住民の出資を合わせれば地域で発電プラントを導入することは可能であり，自分たちの使う電気のつくり方を自分たちで選択することができる。これにならって「おひさま進歩」は自然エネルギー事業に目的をしぼったファンド会社を立ち上げて，1口10万円からの出資を全国に募ったのである。

　ファンドは出資であるから元本保証はないけれども，寄付とは違って，事業が計画どおり進めば元本はもとより利回りも期待できるというしくみは，うまく回った。会社が掲げた「市民の意思のあるお金で社会をつくろう」というコンセプトは多くの人に支持されて，これまでに約3000人から23億円の資金が提供され（2022年8月現在），年利で2％程度のリターンを実現している。こうした手法は，現在では「（社会的）インパクト投資」と呼ばれる。投資によるリターンの高さよりも，社会に良いインパクトを与えることを重視するタイプのもので，欧米を中心に急速に普及し，日本でも最近注目されるようになってきた。「おひさま進歩」は，当時日本では2例目であったファンドを，本格的に軌道に乗せることに成功したのである。（おひさま進歩エネルギー株式会社 2015）。

2　ソーシャル・ビジネスとは？

■ ソーシャル・ビジネスの特徴

　「おひさま進歩」の原社長（当時）は，あるインタビューのなかで次のように述べている。「私たちがその事業を手掛けるかどうかは，それが温室効果ガスの削減につながるかどうかが唯一の判断基準となります。そうでないものについては，いっさい手は出しません。なおかつ，それが地域の経済循環につながるようであれば，なおさらよいと思います」（諸富 2015）。

　この原さんの言葉がよく示しているように，ソーシャル・ビジネスの一番の特徴は，①ビジネスの目的は社会的課題の解決である，というところだ。それに付随して，②利益は事業の継続・拡大のために再投資する，という特徴が出てくる。株主などへの利益分配を最大化するよりも，課題解決のために利益を

確保してビジネスを継続することがめざされる。さらに，ソーシャル・ビジネスの特徴としてよく指摘されるのは，③課題発見や事業手法の革新性，である。「おひさま進歩」の場合，温室効果ガスの削減という課題は，すでに社会でひろく共有されていたが，インパクト投資という事業の手法は，革新的なものであった。

　この革新性についてもう少し別の例から見てみよう。「ケアプロ株式会社」は，駅ナカやスーパー，パチンコ店などで，血液検査ほかをワンコイン500円で受けられるサービスを提供している。社長である川添さんはもと看護師で，糖尿病の病棟に勤務していたときに予防医療の必要性を痛感したという。早く健診を受けていれば，失明したり足を切断したりする結果には至らないからだ。患者さんたちに聞けば「時間がなかった」「保険証がなかった」（保険料が納められない）などの答えが返ってきた。そこで，安くて手軽に検査が受けられる方法を考え出す。病院での検査は，設備費や人件費がネックになって高くなるので，医療行為に当たらない自己採血（指先を当てれば簡単に採血できる機器がある）を利用することにしたのだ。これにより「ケアプロ」はのべ52万人（2022年8月現在）に健診サービスを提供してきた。

　さて，この例で考えると，健診を「より安く手軽に」受けられることを，政府は社会課題と捉えていなかったことがわかる。ある人がそれに気づき，ユニークに事業化したのだ。課題の発見や事業の手法に，ブレイクスルーが見て取れる。ちなみにこのワンコイン健診は，「自己採血は法律上整備されていない」との理由で，いちど閉鎖に追い込まれている。そのとき川添さんは，健診のデータ分析をもとに，都道府県・国会議員・厚生労働省に働きかけて，法律の改正へとこぎつけた（ロビイング）。生活習慣病に関連する年間医療費が9兆円以上になる現在，個人の生活の質という観点からも，保険財政という観点からも意義があると認められて，政策変更につながった事例である。

　このように，ソーシャル・ビジネスの特徴は一般に，①社会性，②事業性，③革新性にあるといわれる。先駆的なソーシャル・ビジネスによって途上国の貧困を改善し，ノーベル平和賞を受賞したムハマド・ユヌスも，ソーシャル・ビジネスの利点について，①政府の対策を待たずにできるところからすぐに問題解決にとりかかれること，②税金による政府予算の幅で活動が制約されるこ

となく多様な投資の手段で資金を集められること，③事業を行う個々人それぞれの創意工夫が政府にできない革新をもたらすことなどを指摘しているが（ユヌス 2010），同様の着眼点だと言えるだろう。

■ ソーシャル・ビジネスの規模

　「社会的課題の解決を目的とするビジネス」が，おおまかにイメージされただろうか（図4-1）。内閣府が委託したある調査によれば，こうした活動をする事業者の数は20.5万，年間に生み出す付加価値は16兆円で日本のGDPの3.3％に当たる。また，有給で働いている人の数は577.6万人にのぼり日本の全従業者数の10.3％を占めるという（三菱UFJリサーチ＆コンサルティング株式会社 2015）。

　ただし，このように数値でソーシャル・ビジネスの規模を把握するのは，意外と難しい。ソーシャル・ビジネスの法人格は日本にはまだないので（2022年段階で岸田政権が検討を表明），法人格から数の把握はできない。上にあげた調査でも，調査対象から大企業を除外して，中小企業やNPOなどに限定したうえで，利益分配の比率を質問するなどの工夫をしている。ソーシャル・ビジネスを抽出するために，「社会課題をビジネスの手法で解決する」という定性的な定義を，定量的な定義に変換しているのである（操作化という）。こうした操作化のやり方は，調査目的によってさまざまであり，それによってソーシャル・ビジネスの規模は異なって把握される。興味のある人は検索して，操作化による違いを見つけたり，あるいは，統一した操作化によってソーシャル・ビジネスの規模を国際比較する試みに触れてみるのも面白いかもしれない。

　ここでは，定量的な把握に深入りせず，日本のソーシャル・ビジネスの規模拡大を示唆する現象を，いくつか紹介することにしよう。まず，資金需要の拡大に関して。日本政策投資銀行が2021年におこなったソーシャル・ビジネス関連の融資は，12,465件で1,137億円である。同じ統計の取り方を始めた2014年が6045件で517億円であるので，7年でおよそ2倍になっている（政策投資銀行のウェブサイト参照）。

　同じく資金需要に関連して，かなりユニークな資金の流れも誕生してきた。例えば，愛知県名古屋市には「コミュニティ・ユース・バンクmomo」という

金融機関がある。「momo」は，2005年に20代・30代の若者がはじめたもので，ソーシャル・ビジネスに低利子融資をするとともに，伴走型で経営等のアドバイスもおこなっている。しかもこの金融機関が，それ自身NPOであり，全く配当がないにもかかわらず，地域の課題解決をお金の面から支えようと出資する地域の市民によって成り立っている。出資者は発足して10年で62名から531名に増えたそうだ（momoのウェブサイト参照）。もう１つ，ユニークな資金の流れを紹介すると，これは融資ではなく，事業資金をプレゼントする仕組みで「恩送りのエコシステム」と名づけられている。この仕組みでは，まずソーシャル・ビジネスがグループをつくり，各社の余剰利益をひとつにプールする。あたらしくプロジェクトを始めたい人は，そのグループにプランをプレゼンして，採用されれば事業資金がプレゼントされる。資金供与を受けた事業者は，それをもとにビジネスを立ち上げ，経営が軌道に乗って黒字化したときには，今度は資金をプレゼントして支える側にまわる。これなら新しい事業はリスクなく始められるので，ソーシャル・ビジネスへのチャレンジが増えることが期待できるのだという（「株式会社ボーダレス・ジャパン」）。

　資金面の他にも，こうしたビジネスに携わる「ヒト」を育てようとする試みも，さまざま現れている。たとえば，専門家がチャレンジャーのビジネスプランを磨く「社会企業イニシアティブ」や，ソーシャル・ビジネスに特化した就職サイトの「DRIVEキャリア」など。他にもすこし検索してみれば，多くの情報に出会う。このような多様な現象から，日本のソーシャル・ビジネスが着実に拡大していることがうかがい知れるだろう。

■ ソーシャル・ビジネスの立ち位置

　それでは次に，ソーシャル・ビジネスができること・できないことを考えるために，その立ち位置について掘り下げてみよう。**第１章**では，社会を構成する３つのセクター（政府・市場・市民）という捉え方が示されたが，これを用いるなら，ソーシャル・ビジネスはどのセクターに含まれるだろうか。

　まず，「ビジネス」というからには，人がお金を支払ってでも手に入れたいと思えるモノやサービスを提供しているはずである。そうしたモノやサービスは，基本的にその人が独占的にメリットを得られるものだ。たとえばスマホの

図4-1　諸アクターの経営様式の比較

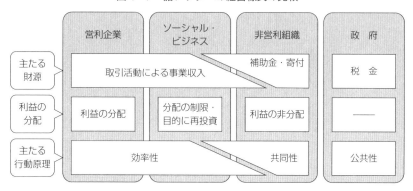

出所：柴牟田・フィルムアート社編（2016：15）の図に筆者修正。

新機種がもたらしてくれるワクワクになら人は自発的にお金を払うので，市場が成立する。それに対して，夜道を照らす街灯や犯罪を取り締まる警察のような，あれば誰でもメリットを得られるもの（経済学ではこれを「排除性を持たない」という）には，人はなかなか自発的にお金を払ってくれない。でも，それらは必要だから，税金として強制的にお金を集めて，政府が提供することになる。この違いから考えればたしかに，ソーシャル・ビジネスが提供しているのは「太陽光発電パネル」や「健康診断」のような購入者個人がメリットを得る私的財であって公共財ではない。つまり名前が示すとおり，ソーシャル・ビジネスは基本的に市場セクターに含まれると考えられる。

　とはいうものの後にも見るように，ソーシャル・ビジネスの事業には，国や自治体が助成金で支えるケースも多い。政府が税金として強制的に集めたものを，市場のアクターに渡しているわけである。このように政府がソーシャル・ビジネスとコラボするのは，それが提供する私的財は，購入する本人にとってメリットがあるだけでなく，社会全体にもプラスの効果があると考えられるためだ。太陽光パネルは「温室効果ガスの削減」を，健康診断は「財政の改善」を，というように，社会的なプラス効果もあわせ持つために，政府がサポートすることも正当だとみなされている。あるいは，サポートのベクトルが逆のコラボのパターンもあって，政府事業をソーシャル・ビジネスがサポートすること

で，民間ならではの柔軟な政策実施が期待されることも多い（たとえば，**第10章**で紹介される豊中市の「若者支援」政策で，市から委託をうけた事業者がはたしている役割を考えてみよう）。このように政府とのコラボの度合いが大きいものでは，ソーシャル・ビジネスは「市場セクター」と「政府セクター」のハイブリッドになるだろう。

　同様に，別のセクターとのハイブリッドもあり得る。たとえば，人口減少が進む地域の事例で，鉄道や路線バスが撤退したり，小売店やガソリンスタンドが閉鎖されたりしたときに，住民がみずから組織をつくり，生活に必要な商品やサービスを提供する事業を経営する場合を考えてみよう。そこでは地域に雇用が生まれて出資者にも利益が分配されることは，プラスに評価される（**本章**の最終節および**第6章**を参照）。利潤追求よりも課題解決を目指すのがソーシャル・ビジネスと言われるけれども，この場合は利潤追求の市場性と，住民の力で生活基盤を維持するという共同性とが重なることになる。こうした事例ではソーシャル・ビジネスは「市場セクター」と「市民セクター」とのハイブリッドと理解できるだろう。

　つまりソーシャル・ビジネスは，基本的には市場セクターに属するが，政府の論理（公共性）や市民社会の論理（共同性）をあわせ持つこともあるハイブリッドとして理解できそうだ。「おひさま進歩」や「ケアプロ」のような株式会社も，「Homedoor」（**第1章**参照）のような NPO 法人も，地域の住民組織も，すなわちタイプの異なる諸主体がそれぞれ，機動性・創発性・互酬性・共同性など，軸足の置きどころを変えつつ適した起業を工夫できているのは，各セクターの論理をあわせ持つハイブリッドならではの強みだと考えられる。ともすれば，政府の代わりに税金を使わず課題解決してくれることをソーシャル・ビジネスに期待するような論調が強くなるけれども，これまで見てきたように，課題を発見することや，それを従来の政府のやり方とは違う手法で解決することが，政府による取り組みに刺激を与えたり補強したりもして，社会全体の問題解決のありように深みが出ることにも注目しておこう（たとえば「Homedoor」の仕事づくりが，失業者に所得のみならず人とのつながりも生み出していて，それは失業保険や生活保護といった所得保障をする政府のユニバーサルな政策では難しいこと）。

　同時に，当たり前ではあるが，社会的な課題がビジネスの手法ですべてうま

く解決できるわけではないことにも，もう一度注意を払っておきたい。**第1章**でも見たように，市場セクターでは，支払いができない人には財やサービスは提供されないし，採算が見込めなければもとより事業化もされない。だから，たとえばその財やサービスが「市民にユニバーサルに保障されるべきもの」と考えられるならば，政府セクターが法律や条例でしくみづくりをすることが求められるだろう。「ビジネスに託しておいてよいことなのか？」とか，あるいは逆に「政府が税金で手を出すべきことなのか？」などと問うてみること，すなわちセクター間の線引きを問い直す視点もまた，ソーシャル・ビジネスを考えるときには必要だと思われる。

3　連携による地域社会の経営

　この章を含めて第Ⅰ部では，地域の課題解決を図る政府以外の多様な主体（NPO・自治会／町内会・地域経済団体・ソーシャル・ビジネス）や，その手法を見てきた。最後に第Ⅰ部のまとめもかねて，政府も含めてこれらアクターが「連携」することによって地域の経営に相乗効果が生まれることを，冒頭に紹介した「おひさま進歩」のつながりから見ていこう。

■ 飯田市における地域アクターの連携

　「おひさま進歩」の誕生は2004年，きっかけとなったのは，国の環境省が補助金を出す「環境と経済の好循環のまちモデル事業」に飯田市の提案が採択されたことだった。この事業の民間側の事業主体になるべく，すでに活動していた環境NPOを母体にして会社が設立されたのである。政府の働きかけと市民社会の既存の活動がリンクしたわけだ。飯田市政府は，この立ち上がったばかりのソーシャル・ビジネスを育てるために，前例のない支援を行った。1つは，公民館や児童センターといった公共施設の屋根を「おひさま進歩」に無償で貸し出したことである。当時このやり方は，市民の税金でつくられた公共施設を民間企業が営利目的で使う「目的外使用」だと解釈され，法令違反になる可能性を考えて，一般に自治体はとても消極的な姿勢であった。しかし飯田市は，この事業が公共性を持つと判断して支援に踏み切ったのである。さらにも

う1つ，市はそこでつくられた電気を固定価格で買い取る契約をすることで，「おひさま進歩」の経営を安定させるという決断をした。2012年には国の法律でも再生可能エネルギーの固定価格買取制度が導入されているが，それよりずっと前に飯田市は自治体として，日本で初めてこの制度を立ち上げたのである。

「おひさま進歩」をサポートしたのは，自治体政府だけではない。飯田信用金庫のような「地域金融機関」も，資金の融資と経営ノウハウの提供で大事な役割を果たしてきた。一般に金融機関が企業に融資する際には，その企業の収益力や万一の場合の担保がどのくらいあるかで融資を決めるのであるが，NPOから立ち上がったばかりの小さな会社に，そのような総合的な信用力を期待するのは難しい。そこで飯田信金は，融資の返済をプロジェクトで発生する資金からに限る手法を用いた。他に担保をとらないかたちになるため，金融機関はそのプロジェクトの採算可能性を綿密にチェックしていく。その過程でプロジェクトの完成度が高まるよう，企業に知恵を貸すことになるわけである。

ひるがえって着目したいのは，地域企業へのサポートは金融機関の側にとっても重要であって，なおかつ，こうした「お互いさま」のリンクが地域全体にとってプラスに働くということだ。地域金融機関は，地域に暮らす人々や中小企業から預金してもらい，それを運用して利益をあげなければならないので，人々の働き口となる企業があることや，融資先の企業が着実に利益をあげることが経営にとって必要である。そして，資金運用で得た利益の一部を預金利子として地域に還元し，また一部を（国債などで運用するのでなく）地域の企業の新たな事業への融資に回していくことができれば，地域内でお金がぐるぐる循環して，富を生み出していく推進力になることもできる。経済学ではこうした働きを「地域内再投資」と呼ぶ。「おひさま進歩」も発電パネルの設置工事などを地域内の業者に発注して，この循環に寄与している。先にあげたインタビューで原社長が「地域の経済循環につながるようであれば，なおさらよい」と話していたのは，このことである。最近では，「おひさま進歩」をはじめ飯田市内の企業が出資した「飯田まちづくり電力株式会社」も設立され，地域で作られたエネルギーを地域で消費して，より経済循環を進めようとしている。

　飯田市の政府もまた，地域内再投資にとても自覚的である。飯田市は，飯田信金の研究所と連携して「地域経済波及分析」を早くから始めたことで知られている。その分析をもとに，飯田市外から稼げている産業を発展させ，外から稼いだ資金を域内で循環させ，また同時に域内の需要には域内で応える循環をつくる戦略を立てて「経済自立度70％」の達成をめざしている（飯田市ウェブサイト参照）。ここでは政府アクターも，市場アクターのように経営の視点に立っているわけだ。地域に次の世代の雇用が生まれて暮らしが成り立つしくみを，すなわち「持続可能な地方都市のかたち」を，各アクターがリンクでつくろうとしているのである。

　最後にもう１つ，「おひさま進歩」から見える地域内のリンクについて紹介しよう。飯田市は2013年に「再生可能エネルギーの導入による持続可能な地域づくりに関する条例」を制定している。この条例は，自然エネルギー資源は地域の生活や文化と結びつきの強いものだから，そこに暮らす人々が優先的にそれを役立てるのが正当だという考えにもとづいている。背景にあるのは，国が再生可能エネルギー固定価格買取制度を導入して以降，確実に利益を見込めるビジネスとして，大企業が田舎にメガ・ソーラーなどを建設するバブルが起きたことである。たしかにメガ・ソーラーで再エネの普及は進むけれども，地域の資源を活用した利益はその大企業がある都市へと流出してしまうし，地域環境の変化で住民とのトラブルになることもある。そこで飯田市は，市内の住民組織や企業が地域資源の活用によって，個として利益を得るだけでなく「公共的な利益」にも資する場合には，政府として積極的に支援することを定めたのである。具体的には住民からの事業提案を受けて市が審査するのだが，この審査会には先行して事業ノウハウを持つ「おひさま進歩」をはじめ，地域の金融機関や再エネの技術面での専門家，法律面での専門家，自治体政府の担当者などがメンバーとして加わっていて，採算性と地域にとっての公共性の両面から事業への助言が行われる。また，審査にパスすれば市の基金から事業立ち上げの資金が無利子で融資される。実際にこの条例にもとづいた事業として，たとえば上村地区では，川の流れを利用した小水力発電の導入が実現に向けて動いている。上村地区は人口が500人を割り込み高齢化率が50％を超える中山間地域で，公立保育園の児童数がとうとう１人になって閉鎖が危惧されたところ

だ。そこでこの条例を梃として，諸課題に取り組むことが考えられた。小水力発電によって地域の電力を再生可能エネルギーに置き換えるだけでなく，余剰の売電収入で，保育所の存続・地域交通の維持・地域外からの移住促進などこの地域を持続可能にする諸事業に，役所ではなく住民組織としてみずから取り組もうとしているのである（牧野編 2016）。条例制定という自治体政府のチャレンジングな働きかけに，地域金融機関やソーシャル・ビジネスや専門家がリンクし，さらには住民組織がリンクして，地域の課題解決が行われようとしていることがわかる。

■ ガバメントからガバナンスへ

　さて，以上のような地域内の諸アクターのリンクについて，どのような印象をもたれただろう。飯田市政府の戦略性が際立っていると感じられただろうか。もとより政府は，地域の課題解決において中心的な役割を引き受けることを期待されている。政府とは，一定の地理的単位において，その社会で発生する課題を社会全体として受け止めて，拘束力のある解決を図る役割を割りふられたものであるからだ。そのために，他のアクターにはない手段も与えられている。すなわち最終的には権力で強制できるルールを定めることや，税金として強制的に集めた巨大な資金を動かすことは，政府にしかできない。

　けれども他方で，上に見た地域内のアクターの関係性は，政府が一方的に仕切っているという感じではない。金融機関やソーシャル・ビジネスや住民組織などの政府以外のアクターもまた，地域社会という「面」の視点を持って，それぞれ自分の持てるリソースを活かして自律的に動いている。上村の小水力発電の例でも，政府は条例によるしくみづくりをしたのであって，住民組織が手をあげなければ，実際には機能しないものだ。

　このように，地域社会のなかに課題解決のために自律的に動く諸集団があって，それらが政府も含めて相互に連携することは，地域のキャパシティを高めていく。こうした関係性への注目は，近年の政治学でも「ガバメント（統治）からガバナンス（協治）へ」というコピーに示されている。地域社会に発生する課題の解決には，さまざまなアクターの力が活かされうること，そして，それらの連携プレーが地域にとって貴重な資源となることについて，まずは注意

を向けておこう。

☑ 調べてみよう・考えてみよう

① あなたの住むまちで3つ，ソーシャル・ビジネスを見つけてみよう。

② 社会的インパクト投資の規模は，現在どのくらいか調べてみよう。

③ 政府の「公共性」と市民社会の「共同性」とは，どこが違うか考えてみよう。

📖 おすすめ文献

① SSIR Japan，2021，『これからの「社会の変え方」を，探しにいこう。──スタンフォード・ソーシャルイノベーション・レビュー ベストセレクション10』.

　　2003年にスタンフォード大学のビジネススクールで創刊された雑誌から好評の論文10本を選んで翻訳したもの。アメリカの市民社会セクターの底力を感じさせる。

② 日本労働者協同組合連合会編，2022，『〈必要〉から始める仕事おこし──「協働労働」の可能性』岩波ブックレット.

　　ソーシャル・ビジネスは，事業目的だけでなく，働き方がソーシャルでなければならないとの考えが，欧州では強い。日本でも22年に，働く人が出資や経営方針に関与する組織形態について定めた「労働者協同組合」法が施行された。働き方からビジネスを考えたい人に。

③ コリン・メイヤー，2021，『株式会社規範のコペルニクス的転回──脱株主ファーストの生存戦略』東洋経済新報社.

　　営利企業にも「CSR＝企業の社会的責任」や「ESG＝環境・社会・企業ガバナンス」が求められる昨今，本書は，市場セクターの株式会社こそが規範的な役割を担いうると論じるもの。

【大西弘子】

変わる地域社会

　第Ⅰ部では，社会の課題に対して行政以外の存在による取り組みが広がりを見せていることに注目した。行政の果たす役割が相対的に小さくなった，といってもいいだろう。これには理由がある。1つには，景気や財政状況の影響を受けて行政自体が縮小している，ということがある。もう1つには，従来見られなかったタイプの社会問題が出てきており，そのなかには行政にとってあまり得意ではない種類のものが現れている，ということもある。

　このような背景のもと，行政もその役割を変えようとしている。課題の解決のために市民や企業とタッグを組むケースもあれば，市民や企業による取り組みを後方から支援するケースもある，という具合だ。第Ⅱ部では，そのような行政の「変身」の原因となった社会の変化と，第Ⅰ部で紹介した多様な担い手たちが，これにどう向き合おうとしているか，ということを見ていく。

　具体的には，5つの「社会の変化」に注目する。まずは，わたしたちの身の回りにも外国籍の住民が増えている，という意味での地域社会の国際化（⇒第5章）。外国籍の人たちが抱えている悩みと，これらを乗り越えようとする多文化共生の取り組みに注目する。2つ目に，人口減少社会の到来（⇒第6章）。急速な少子高齢化にともなって，近い将来，多くの市町村が「消滅する」ともいわれている。その結論のセンセーショナルさに目が奪われがちだけれども，現場にあっては自治体内で，また自治体間で地道な試みが行われていることに冷静に目を向けたい。3つ目は，DXによる社会の変化（⇒第7章）。DXがもたらす将来像は，現状，楽観的なものと悲観的なものに二分されている。どちらかに偏るのではなく，可能性と危険性の両面があることを理解しておきたい。4つ目は，地域経済の変化（⇒第8章）。平成期の30年に限ってみても，地域経済のありようは劇的に変わっている。その結果，かつてのように大企業の傘下にあれば地域経済は安泰，という状況ではなくなっており，この章では新たな地域経済のあり方を探る。最後は，社会に生まれた著しい経済格差の発生（⇒第9章）。この章では「格差社会」を生み出しているメカニズムを明らかにするとともに，これに対して行われているある自治体政府の取り組みを通じて，特に第1セクター（政府）にできることは何なのかを考えることにする。

第5章

隣人は外国人？
―― 多文化共生と地方自治 ――

1 移民社会化する日本 ―― 事実を確認しよう ――

　コンビニやファストフード，居酒屋やホテルの受付などで外国人スタッフの
応対を受けたことはだれでもあるだろう。実際，コロナ禍以前には日本のコン
ビニ企業がベトナムでリクルート活動を始めたという報道がされた。コロナ禍
で留学生が来日できなくなった，技能実習生が予定通り来ることができなくな
り地方の建設業や農業経営に大きなダメージを受けたというニュースを目にし
た人も多いはずだ。

　日本に3ヶ月以上継続して住む外国人（**定住外国人**）の数はどれくらいだろ
うか？　コロナ禍の影響で出入国に制限がかかる前の数字でいうと，約293万
人（2019年末，**在留外国人統計**）がその答えだ（**図5-1**）。2008年のリーマン・
ショックや2011年の東日本大震災により，2009年ごろから減少傾向だったが，
2013年から再び増加に転じている。ちなみに，2021年10月末現在の在外邦人数
は約134万人であり，すでに日本は移民受入国である。

　大きな流れを見ておく。第二次世界大戦後から1980年代までは，100万人以
下で推移し，その大部分は，韓国・朝鮮籍の特別永住者が占めていた。特別永
住者は，「かつて日本国籍を有していた外国人」であり，その存在は第二次世
界大戦終戦まで台湾や朝鮮半島を植民地支配していた歴史と関わりがある。

　1990年代以降様相は一変する。1990年の**出入国管理及び難民認定法**（**出入国
管理法**）改正で，単純労働は認めなかった一方，日系人（外国でその国の国籍ま
たは永住権を取得した日本人およびその子孫），研修生，歌手・芸能人等の在留を
認めた。そのため，戦前に日本人の移民先となったブラジルはじめ南米諸国の

図 5-1　在留外国人数（国籍別）の推移

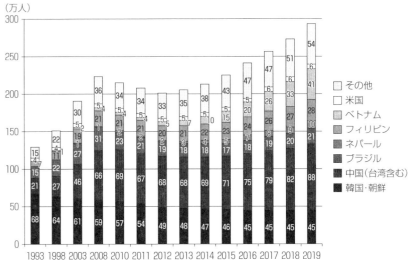

出所：法務省「在留外国人統計（旧登録外国人統計）」より筆者作成。

国籍を持つ住民が増加した。この状態は「正面玄関は閉じたまま，勝手口は開けた」状態にたとえられた。人口減少（**第6章**）の対応策として，**技能実習生制度**，「特定活動」資格の創設など，地方経済や福祉・医療を維持するのに不可欠なエッセンシャルワーカーの担い手として期待されていることも外国籍住民増加の背景にある。

　また，台湾を含む中国が最も多い国籍となるほか，ベトナム，フィリピンなどの東南アジア諸国の国籍を持つ人も増えてきている。在留外国人総数も 3 倍近くに増加した。1980年代半ばからグローバル化の影響が現れている。

　注目すべきは，永住資格を持っている人（一般永住者と特別永住者）は半数，活動に制限がない人（永住者に加えて，日本人や永住者の配偶者など）は 3 分の 2 を超えているという事実である。**一般永住者**資格は，就労・留学その他のビザを取得して，継続して10年以上滞在し，犯罪歴がなく，納税義務を果たしているなどの条件をクリアすれば取得できる。2000年頃約20万人だった一般永住者は2021年には約84万人に増加した。旧植民地出身者を意味する特別永住者は年々減少しつつあるものの約29万人である。「そのうち帰る人たち」ではなく，

「共に住み続ける人たち」であることを前提に共生を考える必要がある。彼らは，日本人と同様に，結婚し，家庭をつくり子どもを産み育てる。またいつかは高齢者になる。

　災害は国籍に関係なく被害を及ぼす。地域での福祉・教育・医療・災害対策へのニーズは，日本人となんら変わりがない。他方，地域社会では文化的な背景が異なることによるさまざまな課題が発生する。

　中央政府が，出入国管理法のもとで，主として，人口減少社会における労働力の確保という観点から，どのような人を受け入れるかを決め，入り口としての出入国管理政策を実施する。地方自治体は，実際に外国籍住民への行政サービスを供給し，いわば出口としての**多文化共生政策**を実施している。しかも，多文化共生政策は基本法がなく，各自治体における行政や市民社会の取り組みがベースとなり，政策を立案する際に地域の現実の課題から発想しお互いの活動の長所を学び合う形で政策が作られてきた。これが具体化したものとして，総務省が自治体の取り組みを集めた『多文化共生推進事例集』を発行し，それらに基づいて「多文化共生推進プラン」を策定した。2020年にはコロナ禍や災害の増加などの変化も踏まえて改訂された。多文化共生は地方自治の取り組みがリードする分野と言えよう。

　なお，定住外国人はじめ様々な用語が，それぞれの立場から使用される。日本国籍を持つものであっても日本語の支援が必要な人も存在するので，現場では「外国ルーツの人」という言い方も存在するが，以下では，本書が地方自治のテキストであることから「外国籍住民」を主に使用する。

2　5人に1人が外国人──外国籍住民比率全国一の大阪市生野区──

■ 大阪市生野区はどのような地域か？

　大阪市生野区は，大阪市の東部，JR大阪環状線の外側に立地する古くからの住宅街と中小企業や町工場が混在する庶民的なまちである。総務省の住民基本台帳によると，2021年1月1日の人口12万7030人のうち外国籍住民が2万7627人，比率は21.75％（2020年12月末）と全国で最も外国籍住民比率の高い市区町村である。2位は群馬県大泉町18.84％，3位北海道占冠村16.96％，大阪

市浪速区13.17％，東京都新宿区10.96％となっている。

　生野区では2012 年〜2021年の10年の間に人口全体は減少している一方，外国籍住民は2016 年以降微増傾向が見られ，区全体の人口減少を緩やかにした。2020年はコロナ禍で外国籍住民も減少した。

　大阪市生野区は東の東京都新宿区と並んで「コリアタウン」として有名である。生野コリアタウンは，韓流ブームで女性を中心に年間200万人が来街する一大観光地である。

　韓国・朝鮮籍の住民は，2022年現在でも約1万9千人と最大だが，2021年までの10年間に日本国籍取得や高齢化の影響で3割減少した。他方，ベトナムやネパール籍の住民が急増するなどニューカマーによる多国籍化か進み，生野区には約60ヶ国の住民が確認されている。

　在留資格別では特別永住者・永住者の割合が高いが，留学，技術・人文知識・国際業務の在留資格者も大阪市内24区で最も多い。これは，多くの日本語学校が区内・隣接地域に立地している影響と考えられている。

　5歳〜19歳は減少する一方，0〜4歳の外国籍の子どもは増加している。生野区では，在日コリアンはすでに三世，四世，五世が生まれ育っているがニューカマーも日本で世代をつないでいる。

　このように5人に1人が外国籍住民という状況を生野区民は，「プラス」「マイナス」両方に意識している。区が2021年に実施した区民アンケート調査において，魅力あるまちと思う理由として，「コリアタウンがある」「外国人とうまく共存できている」の主旨の回答が，他方，魅力あるまちと思わない理由として「外国人が多いので不安」という回答が，それぞれ上位に挙げられた。

　生野区役所は公募制区長のもとで，地域課題に即した区政運営方針を定めている。生野区は「課題先進地」としての認識のもと，2018年以降一貫して，区政運営の三本柱として，「子育て・教育環境の整備」，「空き家対策」，「多文化共生」が掲げられている（2022年度現在）。

■ どんな問題が起こっているのか？──差別と貧困──

　外国籍住民との共生がプラスに認識される一方，問題も存在する。差別と貧困である。長らく，在日コリアンを中心に外国人は，入居や結婚，就職など人

生の節目にあたるときに、「外国人であること」を理由に差別されてきた。「令和３年度在留外国人に対する基礎調査報告書」では、現在でもこれらの差別が存在することが報告されている。また、技能実習生をはじめとする外国人労働者の待遇が低いことを訴える姿が報道された。

また近年問題になっているのが、ヘイトスピーチをはじめとするヘイトクライムと呼ばれるものである。2013年には生野区の玄関にあたる鶴橋駅前で中学生が在日コリアンに対するヘイトスピーチを行い、関係者に大きな衝撃を与えた。その後も、ヘイトデモが繰り返され、2016年に大阪市もヘイトスピーチの対処に関する条例、同年、国もヘイトスピーチ解消法を制定した。しかし、2021年京都府宇治市で在日コリアンの歴史記念館の展示物が偏見や嫌悪の感情から放火され焼失する事件などが発生した。

もう１つの問題は貧困である。子どもの貧困が全国的に問題になっているが、生野区では、就学援助（経済的な理由により就学が困難な小中学生の児童生徒の保護者に援助を行うことによって、児童生徒が等しく教育を受けることを保障する）を受ける。この就学援助率が全国平均の15％に比べて、生野区は32％と倍以上であり、子どもの貧困の一端が垣間見える。なお、就学援助率は外国籍住民に限定されたものではなく、生野区全体の地域課題である。

3　事例から考える多文化共生のまちづくり

本節では、多文化共生のまちづくりの実践事例を３つ紹介する。ただし、これらは、生野区の多文化共生の問題や取り組みのごく一部であることを断っておきたい。

■ 学習サポート教室と体験活動

NPO法人クロスベイスは、コリアタウンをベースに小学４〜６年生の宿題DO-YA（どぉや）、中学生対象の中学生DO-YAという学習サポート教室DO-YA、体験活動DO/CO（どこ）を柱としている。現在の代表理事自身が在日コリアンである。

DO-YAでは、小学生は学校の宿題、中学生は学校の教科を学ぶ。日本語の

サポートも必用に応じて行う。大阪市では，日本語支援をセンター校方式で実施し，週に1度か2度センター校へ通学し2時間程度の授業を受けているが，近年対象の児童生徒が急増し，個別対応が十分にできず，その改善が課題になっている。このような背景から民間ベースの学習サポートが必要とされている。DO-YA では，大学（院）生，元教員の講師が勉強だけでなく，その子どもがおかれた家族の経済状態や人間関係などにも気を配り，困りごとに対応している。

　外国人であることを理由に学校でいじめを受けることもある。悪口をいわれた中国の子どもに，「気にせんでええよ」と，年上のネパール人の子どもがアドバイスすることもある。家庭の事情もさまざまで，両親の雇用や在留資格が不安定な子どもも存在する。なお，費用は宿題 DO-YA は月1千円，中学生 DO-YA は月1万円だが，後者は大阪市の塾代助成制度を利用すれば，一定の条件下で実質無償化される。2020年度には，延べ166日実施され，通年継続的に利用した子どもは8つの地域にルーツを持つ43名だった。

　もう1つの活動の柱が，体験活動 DO/CO。教育格差は，経済力だけではなく，家庭の持つ文化資本，社会関係資本に由来する部分も大きいとされる。家庭による文化体験の質や量，子どものときに出会う人々などが人生の豊かさに結びつくという意味で，「資本」と言うわけである。家庭が提供できないなら，地域でと始めたのがこの活動だ。大学キャンパスへ出かけて大学生と交流したり，表現力を身につけるためにアートのワークショップを行ったりしている。ベトナム人の学校教師の話に，ベトナムの子どもたちは目標を見いだし，自尊心をもつようになる。ロールモデルを通じて，学ぶ機会や意欲を提供している（柏原誠，2019。クロスベイス「年次報告書2020」）。

■ 生野区役所の役割と「やさしい日本語」

　外国人が日本で生活を開始すると，さまざまな手続で行政と関わる。生野区の場合は，大阪市の行政区（**第18章2節**参照）のひとつ生野区役所である。大阪市の場合，区長は公募制とり，法令に定めのある区役所業務をまとめるほか，区シティマネージャーとして市役所の局事業の区内での実施に関与し，区担当教育次長として区内の教育委員会事務も担当する。先述の通り，多文化共

生は区政運営の三本柱のひとつである。

　生野区の多文化共生行政の担当は企画総務課広報担当である。住民の生活に身近な基礎自治体では，住民とのコミュニケーションも多くなるが，そのほとんどは言語ベース，特に文書の形で行われる。また，申請の手続も基本的に文書で行われる。外国籍住民には行政の手続情報が届きにくく，それが不利な生活状況を改善できない原因にもなる。「ことばの壁」を乗りこえることは行政にとっても外国籍住民にとっても最初に直面する課題である。

　そこで，広報紙を多言語化するなどの工夫が行われるが，生野区の広報紙は10言語で読むことができる。区役所窓口での応対時には，災害時用のタブレット端末に翻訳アプリを導入して活用している。しかし，生野区に住む約60ヶ国すべての人の言語に翻訳することは不可能に使い。そこで，区役所が積極的に活用し，区民に普及を図ろうとしているのが「やさしい日本語」である。

　やさしい日本語とは，一定のルールのもとかみくだいて，日本語を母語としない人にも伝わりやすくした日本語である。例えば，「大阪市に大雨警報内容が発表されました。最新の気象情報を確認し，十分にご注意ください。」というツイッター発信は，やさしい日本語を使うと「大阪市（おおさかし）に　大雨警報（おおあめけいほう）がでています。雨（あめ）が　強（つよ）いので，外（そと）に　でると　あぶないです。テレビ（てれび）や　ラジオ（らじお）でお知（し）らせを　聞（き）いてください」となる。2018年の台風接近時に生野区役所が発信した，やさしい日本語のツイッターは通常の14倍ものリツイートが行われた。会話の場合には，相手の反応を見ながらゆっくり話すなどの配慮が加わる。

　「やさしい日本語」にはメリットが多い。日本人側のハードルを下げることである。外国籍住民の8割は日本語を何らかの程度で理解するという調査結果（出入国在留管理庁，2022）がある。やさしい日本語を使えば，日本人側に外国語の能力は必ずしも求められない。外国籍住民とのコミュニケーションを日本人側からもアプローチ可能なものにするツールと言える。

　生野区はこのメリットを発展させて，地域活性化にも活用している。区内の飲食店やお店に「やさしい日本語」を普及して，協力店を区の広報紙で取り上げた。通常，行政の広報紙で個々の店を取り上げることは，公平性の面で難し

いが，区の施策への協力店として掲載したのである。協力店を示すステッカーも店先に掲示されている。外国籍住民にとっては，協力店＝安心して利用できるという期待感につながる。2022年9月現在，区のホームページには，174カ所の店舗・事業所の一覧表とマップが掲載されている。

■ 小学校跡地施設を活用し「多文化共生の拠点」をつくる

　生野区でも少子化が進み，小中学校の統合が進められた。2016年に，区の西部で5中学校12小学校を4中学校4小学校に整理する大規模な計画が作られた。推進の理由は，実質的な小中一貫教育によって，複数クラスを確保しながら，よりよい教育環境を実現するというもの。一方，地域や保護者からは，それぞれの学校で行われてきた特色のある教育が継続されるのか，通学距離が遠くなると不安の声が示された。

　生野コリアタウンに隣接する市立御幸森小学校も再編の対象になった。大阪市で初の「**ユネスコスクール**」加盟校の同校では，正課外での**民族学級**など，「心の中に平和のとりでを築く」というユネスコ憲章の理念にもとづくユニークな教育が行われていた。2021年3月，同校は関係者に惜しまれつつ閉校したが，学校の閉校は地域の問題でもある。大阪市では，地域活動の単位が小学校区になっており，災害時には地域の避難所にもなる。

　そこで，学校再編を進めてきた生野区役所は，学校の跡地と建物設備を活用する事業を公募した。区役所は一定額で20年間貸し付けし，地域の避難所機能とまちの活性化につながる持続可能な運営の両立を目指して条件を提示した。これに応じて，事業者に選ばれたのが，株式会社RETOWNとNPO法人IKUNO多文化ふらっとの共同事業体である。前者は，食を通じたまちづくり，後者は多文化共生の未来に向けて地域に根ざした活動を行う，2019年設立のNPOである。このNPOは，区役所，地域活動協議会（**第2章**），国際交流支援機関，大学等とも連携している。また隣接する生野コリアタウンから，年間200万人の観光客も呼び込む，外に開かれた施設としても想定されている。

　閉校した学校の跡地活用としてはユニークな，多様なルーツを持つ住民の「共生」をめざす拠点施設は，「いくのコーライブズパーク」と名付けられ，2022年度から事業期間がスタートした。2022年現在では，未完成の部分がある

が，この施設には大きく分けて3つの機能が備わる予定である。第1は，防災・避難所機能で，地域の避難所としてハード・ソフト両面の整備がなされるほか，外国籍住民向けの防災活動環境整備も行う。第2は，地域コミュニティ機能である。例えば，生野区は食と職のまちであり，サブスクリプション制の地域食堂や芝生化した運動場でのバーベキュー広場や市民農園の運営，アートギャラリー，スポーツ広場などの開設が予定されている。また，地域内で活動する市民団体等の事務所が拠点を移して，地域の情報発信をここから行う。第3は，「『学び』の視点を持った活用，多文化・多世代の共生」機能である。IKUNO・多文化共生センターを設立し，一時保育や子ども食堂を運営するとともに，地域をフィールドとした研修プログラムを提供する。K-POPのダンススクールは若者向けに計画された。本節のはじめに紹介した学習サポート教室も本施設に移転された。調査・提言機能も併せ持つ予定である。

　このような多彩な内容の施設だが，だれも取り残さないまちづくりの拠点となること，誰もが安心して学び楽しめる居場所を提供すること，食に関する技術や能力をもつ若者を育て起業をサポートすること，地域に根ざした多文化共生教育のロールモデルを作り，外国ルーツの子どもたちの高校中退率を減らし大学を含む高等教育を受けられるようにすることの4つを期待される効果として掲げている。

　閉校した学校跡地に，地域のさまざまなステイクホルダーが連携協力して，多文化共生をキーワードとしたまちづくりの拠点をつくるユニークな取り組みに注目したい（NPO法人多文化ふらっと，2022）。

　上記の3事例は，NPO，行政，公民パートナーシップによるものだが，**第1章**で紹介した3つのセクターの特徴が現れていることに注目したい。特に生野区役所が第1に，「やさしい日本語」というツールを活用し，日本語話者を多文化共生に巻き込むとともに，地域活性化にも役立てていること，第2に学校統廃合を進める一方，その跡地活用を条件付きの公募に出すと，NPOと民間企業がそれぞれの得意分野に対する専門性を提供し，地域のニーズにも応える事業計画を提案し採用された。行政能力の限界が指摘されることが多いが，制約の中で工夫し，他セクターとの連携で課題解決を目指す動きが，多文化共生行政に求められる。

4 地域で共に生きるパートナーへ

　ここまで読んでくると，国籍の違いを超えて住民どうしが顔の見えるコミュ
ニティを築き，その一員として生きていくことをめざす地域づくりがスタート
していることが理解できるだろう。住民として共に地域の運営に参加するとい
う考えが出てくる。総務省の「多文化共生推進プラン（2020年改訂版）」では，
新たに「外国人住民が自治会活動，防災活動，他の外国人支援等の担い手とな
る取組を促進」することを目標に掲げ，「外国人住民との連携を通じて，地域
活性化やグローバル化に取り組む」としている。

　民生委員は地域福祉の要ともいえる特別職公務員であるが，地域の住民がそ
の任に当たっている。地域に住み，家庭訪問などを通じて，さまざまな福祉
サービスにつなげる役割を果たしているが，有権者名簿から選ぶという法律に
より，外国人はその役割を果たせない。生活に困窮している外国人をケアする
のに，事情が分かる外国籍の委員の方が有効だろう（金光敏，2016）。

　地方公務員は，権力を行使する一部の職を除いて，外国人にも開かれている
ものの，実際に外国人を職員として採用している自治体は一部にとどまる。

　市民参加への要求も具体的に表されている。2020年に大阪市では「大阪市を
廃止し特別区を設置することの賛否を問う住民投票」が実施された（**第18章 4
節**参照）が，法律に基づき，法的拘束力を有していたため，外国人住民には投
票が認められなかった。そこで，日本人女性が代表者となって「みんなで住民
投票！（みんじゅう）」という運動が取り組まれた。約 3 万 5 千人の署名により，
市議会への陳情，国会請願を行ったが，投票権自体は実現しなかった。代わり
に行われたアンケートでは，1 ヶ月間で大阪市の外国籍住民873人から回答を
集め，90％が「外国人住民も投票できるようにするべき」と答えるなど意見の
意見が可視化された。これに基づき「みんじゅう」は外国籍住民が市政に意見
を述べる機会の充実を求める要望書を大阪市に提出した（小野潤子，2022）。

　地方自治体のなかには，条例で外国籍住民にも住民投票などの参加を認める
自治体や外国人住民の会議で自治体政策への意見を聞く事例も現れてきている
が，一部にとどまっている。

　安上がりの労働力としてではなく，ともに生きていく市民として外国籍住民を迎え入れるためには，公共サービスの保障やまちづくりの主体として認め合うことが必要ではないだろうか。

☑ 調べてみよう・考えてみよう

① 「在留外国人統計」等を使って，あなたが住む市区町村の外国人の数や国籍を調べてみよう。そして，なぜそうなっているのか，背景を調べてみよう。

② 「多文化共生」等のワードで検索し，あなたの地域で，行政やNPO・NGO，地域団体，企業，ソーシャルビジネス等が行っている取り組みを調べてみよう。

③ 外国籍住民はじめ，多様な文化的背景を持つ人と共生できる社会をつくるためには，どのような考え方や制度が必要か考えて見よう。

📖 おすすめ文献

① 田中宏，2013，『在日外国人──法の壁，心の溝 第3版』岩波書店.

　　筆者が学生時代に初版が出た，この分野の古典といってもよいロングセラーである。アジアの留学生に出合ったことをきっかけに，在日コリアン，留学生，外国人労働者，難民などの生きづらさに取り組んできた。第3版は朝鮮高級学校無償化問題等にもふれ，アップトゥデイトなものになっている。

② 金光敏，2019，『大阪ミナミの子どもたち──歓楽街で暮らす親と子を支える夜間教室の日々─』彩流社.

　　生野区に生まれ育った筆者が，大阪市中央区で外国にルーツを持つ子ども達の支援を行っている。本章では深掘りしきれなかった支援の現場を描き出したルポルタージュ。

③ 高谷幸，2022，『多文化共生の実験室─大阪から考える』青弓社.

　　多文化共生ということばから，読者は「国際交流」を1番にイメージするかもしれない。しかし，それとは異なる「多文化共生」の形があるのではないかと思わせる，まさに実験室としての大阪が，より広範な現場を通じて描き出される。

【柏原誠】

第**6**章

ほんとうに「地方消滅」してしまうの？
──人口減少社会の到来と地域づくり──

1 「東京一極集中」と人口減少社会

■ 人口減少社会と「地方創生」

現在の日本では，戦後ずっと右肩上がりだった人口が減り始め，人口減少社会に突入したため，「えらいこっちゃ」といわれている。今後，「東京一極集中」がさらに進み，地方では少子高齢化と人口減少がさらに進行するので，社会的にも経済的にも大きな問題が生まれて，近未来に「地方消滅」が起こるといっている人がいる。これは，都会の若い人たちが持っている，「田舎」にはお世話しなければならない高齢者がたくさんいて，そういう市町村や地域は困り果てているというイメージと重なるかもしれない。実際に，国や中央省庁は，そのような危機感をあおりながら「地方創生」政策を積極的に推進してきたように見える。たしかに，地方の市町村などでは，そのような動きから見える「妖怪」に右往左往しているところもある。

しかし，少子高齢化という課題の「最前線」ではむしろ，現状を冷静に受け止め，これまで取り組んできた地域づくりを継続・発展させながら，地道に地方自治に取り組んでいるところも見受けられる。また，コロナ禍を契機にリモートワークの広がりなどから，地方・「田舎」への関心の高まりがみられ，以前にも増して地方への人の流れである「田園回帰」が進んでいるようだ。企業についても，首都圏企業の本社機能の移転で，2021年には大阪府や茨城県に続いて北海道が3位で33社（コロナ前2019年が7社で，その約5倍）と，地方への移転・分散化もみられる（帝国データバンク 2021）。

人口減少社会の問題は，田舎だけの問題ではなく，都市部でも見られる。か

つての「ニュータウン」における少子高齢化の問題や，街中の空き家の増加，
商店街の衰退などの空洞化，高齢者を中心とした「買い物難民」の問題など，
日本全国に広がっている。そして，今後は東京や大阪などの大都市圏で最も深
刻になってくると予想される。

　この章では，人口減少社会・「縮減社会」（金井編著 2019）に入った今，地方
自治のあり方に関してどのようなやりとり・議論と政策がなされているのかに
ついて，ざっとおさらいするとともに，特に住民に身近な生活圏である基礎的
自治体において工夫した取り組みをしている田舎の村の事例を紹介しながら考
えてみたい。それは，市町村内のより小さな単位でのコミュニティ・地区での
自治の実践と，市町村の枠を超えたより広い枠組みや範囲での自治体どうしの
重層的な連携，さらには公共的な法人・外郭団体を活用した小規模町村の事例
である。

■ データで見る人口減少社会

　ここで，人口減少社会の状況をデータで確認しておこう（図6−1，参照）。

　日本では，生産年齢人口（15〜64歳）が1995年をピークに減少し始め，総人
口も2008年をピークに減少している。2015年の国勢調査によると，総人口は1
億2520万人，生産年齢人口は7592万人であり，14歳以下の人口は1586万人と
1982年からずっと減少している。将来的に総人口は2030年で1億1662万人，
2060年には8674万人（2010年人口の32.3％減）になり，生産年齢人口は2030年に
は6773万人，2060年には4418万人（同45.9％減）にまで減少するという（国立社
会保障・人口問題研究所「日本の将来推計人口」，2012年1月推計，出生中位・死亡中
位推計）。2015年の65歳以上の高齢者人口は3342万人で，高齢化率が26.7％と総
人口の4人に1人以上である。

　直近の2020年の国勢調査（総務省統計局，2021）では，総人口は1億2615万人
で，14歳以下人口は1503万人，生産年齢人口は7509万人と，いずれも2015年と
比べて減少しているのに対して，65歳以上人口は3603万人と増加している。日
本が人口減少社会に入り，少子高齢化が着実に進んでいることがわかる。

　この2020年の国勢調査で地域別に見ると，人口が最も多い都道府県は東京都
で1405万人，東京圏（東京都，神奈川県，埼玉県，千葉県）では3691万人と全国

図6-1　日本の人口の推移

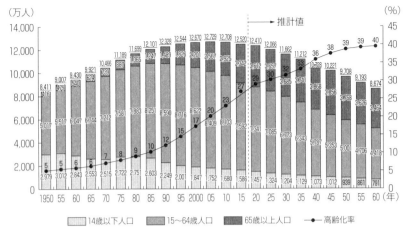

出所：総務省『情報通信白書 平成28年版』2頁。

の約3割を占めている。人口の増減にはばらつきがある。8都県で増加し，人口増加率は東京都が3.9％と最も高く，次いで沖縄県2.4％，神奈川県1.2％，などと続き，大阪府をはじめその他の39道府県では人口が減少している。東京都や東京圏の人口規模は圧倒的に大きいので，人口の「東京一極集中」が継続して見られる。

■ ほんとうに「地方消滅」するの？

　「地方消滅」や「消滅可能性都市」という言葉がマスコミで大きくとりあげられたのは2014年頃のことで，全国の自治体に衝撃が走った。1970年代前半に『日本沈没』（小松左京原作）という小説と映画が流行り，筆者は「たいへんなことが起こる」と子ども心に怖かったことを思い出した。この「地方消滅」は，中央政府のエリート公務員である**キャリア官僚**から岩手県知事になり総務大臣なども歴任した増田寛也などを中心にして書かれた新書（増田編 2014）など，いわゆる「増田レポート」により瞬く間に社会に広がった。この新書の帯には「896の市町村が消える前に何をすべきか」と衝撃的な言葉が書かれてあり，896市町村が「消える」ことを前提として「消滅可能性都市」と名指しされ，

そのうち523市町村は「消滅都市」といわれた。それらは北海道や東北，四国，中国，九州などの地方にある市町村が多かったが，東京23区の豊島区や大阪市内の西成区，大正区，住之江区，中央区など大都市にある地域も含まれていた。そのようなところでは，「うちの市町村は消滅するのか⁉」と大慌てしたところもあった。

　中央政府の動きは非常に迅速だった。「増田レポート」と軌を一にするように，それとよく似た内容と方向性が，国の経済財政運営に関する基本方針（「骨太の方針2014」）のなかで語られ，内閣府に地域創生本部「まち・ひと・しごと創生推進本部」が新設され，内閣府特命担当大臣が就任し，現在の「地方創生」といわれる政策・現象に続いている。「増田レポート」は中央省庁が全面的に支援し，財界・経済界も支援して，周到な計画性を持って世論づくりを進めるための道具であったと考えられる。

■ 疑問が多い「地方消滅」論

　ところで，「増田レポート」は何を根拠に「消滅可能性」といったのだろうか。それは，20歳から39歳の若年女性人口の割合に注目した。その若年女性の割合が2010年を起点に30年後の2040年に推計で50％以上減少するところを「消滅可能性都市」といい，さらに2040年時点で人口1万人以下の市町村を「消滅都市」といった。これについて，ちょっと疑問が生まれてこないだろうか。

　なんとなく「そんなものかなあ」と思うかもしれないが，なぜ2010年を起点にして30年後に市町村で若年女性の人口が50％以上減少すると「消滅可能性」があるといえるのか，あいまいだ。人口がゼロでもないのになぜ「消滅」というのかもわからない。

　また，2040年時点で人口1万人以下となると，なぜ「消滅可能性」が「消滅」に変わるのかも不可解だ。1万人という市町村の人口規模にはどんな意味があるのか。ちなみに「人口1万人」というのは，「**平成の大合併**」で総務省が合併を進める目安としたものである。「平成の大合併」後の現在，人口1万人未満の市町村は約500あり，「**小さくても輝く自治体フォーラム**」（全国小さくても輝く自治体フォーラムの会・自治体問題研究所編 2014）に参加するなどして，小さいからこそ頑張って自治に取り組んでいる市町村がいくつもある。

　さらに，都市部から農村部への「田園回帰」現象を過小評価しているのも不思議だ。田園回帰がブームとまではいかないが，都市から農村に若者が移動する一定の流れがあることはデータ上も認められている（小田切 2014）。都市で生活していても，職場の人間関係や都会暮らしに疲れたり，人生や生き方を見つめ直した若者が，Ｕターンで農山漁村の故郷に戻って，あるいはＩ・Ｊターンでこれまで住んだことのない地域に行って，そこで生き生きと暮らしているといった動きに注目する必要があるのではないか。ちなみに，この田園回帰の一翼を担っているのが「地域おこし協力隊」だ。都市から田舎などに生活の拠点を移し，地場産品の開発・販売・PR などの地域おこしの支援や農林水産業に従事したり，住民の生活支援などを行いながら定住をめざすもので，国の支援事業でもある。2021年度現在，1085の自治体で約6000人の隊員が活躍している（総務省「地域おこし協力隊」）。いろいろな意味で，田舎はそういう人たちの受け皿の１つにもなっている。

　次節以下で，そういう田舎の自治体では，地域の暮らしや経済を守るためにどのような取り組みをしているのか，奈良県川上村の事例を見てみよう。

2　過疎・高齢化地域における人口減少への対応

■ 奈良県川上村の「水源地の村づくり」

　川上村は，先の「地方消滅」論の中で，若年女性人口の減少率が全国２位の89％減と推計され，「消滅」する自治体とされたが，どのような地域づくりをおこなっているのだろうか（水谷・平岡 2022）。

　川上村は，奈良県の南和地域に位置し，面積269.26㎢のうち山林が約95％を占める村で，人口は1267人，世帯数748世帯，高齢化率は57.9％（2022年４月30日現在の住民基本台帳人口）の過疎・高齢化地域である。500年以上前の室町時代から続く吉野林業の中心地で，1999年から最源流部の原生林740ha を購入して「水源地の森」として保全し，1996年には下流域の人々とも手を携えてかけがえのない水と森を育てていきたいという願いと決意を込めた「川上宣言」を発信するなど，「水源地の村づくり」に取り組んでいる（奈良県川上村ホームページ）。

　川上村の村づくりの基本的な方針は，『第5次川上村総合計画（2015年3月）』（計画期間2015年度〜2024年度）であり，「都市にはない豊かな暮らしの実現」を基本理念に，環境，コミュニティ，子育て，福祉，産業，観光の6項目のプランを通じて村づくりを進めている。

■ コミュニティプランとしての「地区カルテづくり」

　村内には，26大字地区がある。各地区には，特色ある自然環境や，住民の暮らしとともに培われてきた文化・伝統，地区への住民の想いや愛着，よりよくしたいと願う集落づくりの取り組みなどがあって，必要な地域づくりの目的を検討した地区カルテが出来つつある。地域資源を地区住民が再発見することで地域への想いや愛着が増して，ひいては地区にある資源が観光資源となり，住民が新たに事業活動グループを作って小さな経済主体につながることも考えられている。

　地区カルテづくりを通して地域のことを学ぶ手法は，地元に暮らす人々が地域の価値を再発見して地域づくりに生かしていく「地元学」（吉本 2008）のあり方と重なる面があり，生涯学習の場であるともいえる。具体的な地区カルテを冊子化しているのは高原地区の「高原区 暮らしのカルテ」など少数であり，この地区数を伸ばすことが今後の課題である。

■ 多様な公共的な法人・外郭団体の活用

　川上村では，地域の公共的な課題に対応するために，複数の法人を村が出資して設立している。主な団体とその事業内容をみてみよう。

　①公益財団法人吉野川紀の川源流物語

　まず，吉野川紀の川源流物語は，「川上宣言」を具体化する組織で，「水源地の村づくり」にふれる観光・交流，学習の拠点である。その「定款」には，「『樹と水と人の共生』を目指し，吉野川・紀の川の源流部を拠点に，その自然的価値，文化的価値を大切にし，流域をはじめ都市部の人々にこれを伝え，共に考え，行動するため，体験学習・交流活動を通じて，広く啓発や環境教育に関する事業を行う」とある。

　具体的な事業としては，公益事業には，「水源地の森ツアー」や「源流学の

森づくり」など環境学習・体験プログラムの提供，機関誌『ぽたり』発行など流域交流・啓発事業，「吉野川紀の川しらべ隊」など源流域の自然や歴史の調査・研究事業，「森と水の源流館」など拠点公共施設の管理・運営事業がある。収益事業には，ミュージアムショップ事業，受託事業の和歌山市民の森管理業務委託や旅行会社の委託事業「吉野源流体験スタンプラリー」などである（公益財団法人吉野川紀の川源流物語ホームページ）。

②一般財団法人グリーンパークかわかみ

グリーンパークかわかみは，川上村から**指定管理**（公の施設の管理・運営を民間事業者などに委託すること）を受けて「湯盛温泉ホテル杉の湯」（宿泊施設）と「道の駅杉の湯川上」（道の駅），及び「匠の聚」（芸術体験施設）を管理・運営している。村における観光・交流の拠点組織であり，若者の雇用も含めて地域経済の要の1つになっている。

③一般社団法人吉野かわかみ社中

川上村は吉野林業の中心地で，林業が基幹産業でもある。吉野かわかみ社中は，川上村と4つの林業団体（川上村森林組合，川上郷木材林産協同組合，吉野木材協同組合連合会，川上産吉野材販売促進協同組合）が参加して吉野林業再生のために2015年に設立された。「500年続いた吉野林業を次の500年につなぐため，川上産材の需要供給の安定，人材確保と後継者育成につながるように，川上村産吉野材の一貫した供給体制と情報拠点づくりを進める」という（一般社団法人吉野かわかみ社中ホームページ）。

吉野かわかみ社中は，「水源地の村づくり」の伝統的産業の林業における村内6次産業化体制の構築と雇用の場の創出をめざしている。

④一般財団法人かわかみらいふ

かわかみらいふは，「東部地区暮らしがつづく集落づくりプロジェクト」を具体化するものとして，2016年に川上村版「小さな拠点」として設立された。村内で人口減少・高齢化の深刻な集落が多い東部地区（15集落）を対象に活動していて，「奈良モデル」の「県と市町村とのまちづくりに関する連携協定」である「奈良県と川上村との郷（まち）づくりに関する包括協定書」（2017年）に基づいた基本構想をもとに，実施している。

かわかみらいふの具体的な事業活動は，ⅰ）地元スーパー・吉野ストアと連

携して２台の「移動スーパー」(生鮮食料品や果物，惣菜など) とコープ宅配サービス，そしてコミュニティナース (看護師) や歯科衛生士のそれらへの同行・見守り，ⅱ) ガソリンスタンド・灯油の宅配と灯油自動給油機運営，ⅲ) ふれあいセンターで，区 (自治会) と社会福祉協議会，診療所，村各課と連携して，コミュニティカフェの運営，医師と歯科医師による巡回診療，住民サークル活動 (卓球・カラオケ・健康体操など)，などを実施している。

　移動スーパーに同行するコミュニティナース (看護師) と歯科衛生士による専門的な出向くアプローチは，暮らしの身近なところで声かけや見守りを行って，「健康 (健口) づくり」として相談や予防に取り組み，重症化する前に早期診察や治療の指導に結びつけており，川上村らしい地域包括ケアシステムとして注目されている。

　これらの活動・事業の特徴は，「共助の仕組みの確立」(住民の一人一人の生きがいづくりと役割づくりを意識して，おいてきぼりにしない暮らしを実現しようとしていること)，「新たな雇用の創出」(生活に欠かせないサービスを住民が提供することで，雇用の創出につなげていること)，「**地域内経済循環の仕組みづくり**」(村内でのガソリンスタンドの経営や移動販売による買い物を通して，地域の中で村外へ流出していたお金が循環する仕組みを実現していること)，の３点ある (一般財団法人かわかみらいふホームページ)。

　2019年時点で，年商が約１億5000万円であったが，村の持出しの補助金は約600万円であった。この支出については，看護師などが同行する移動販売や交通支援などの経費・投資だけをみるのではなく，それにともなって生じる効果として高齢者の医療費や介護費用の節約と雇用創出などの黒字・成果とを勘案して，地域のために必要な支出だと考えられている。

■ 川上村の自治体間連携

　村の自治には，村独自の行財政運営が基本となるが，周辺市町村などとタッグを組んだ**自治体間連携**や奈良県との連携も重要な役割を果たしている。

　まず，川上村が参加する自治体間連携では，別法人の特別地方公共団体である**一部事務組合** (自治体同士が共同して事務の一部を処理するために設立する団体) を周辺の市町村と様々な組み合わせで設立している。一般廃棄物処理や火葬場

の管理を行っている吉野広域行政組合，新ごみ処理施設の2023年からの稼働を予定しているさくら広域環境衛生組合，「南和地域の医療は南和で守る」を掲げて公立３病院の経営を統合した病院事業を経営している南和広域医療企業団，奈良県内の11消防本部を合併して発足した奈良県広域消防組合，奈良広域水質検査センター組合，奈良県市町村総合事務組合がある。そのうち南和広域医療企業団は，奈良県と市町村による一部事務組合である。もう１つの特別地方公共団体である**広域連合**（自治体同士が共同で事務処理を行うために設立する団体で，国や都道府県から権限や事務の委任も受けられる）には，奈良県内の全市町村が参加する後期高齢者医療広域連合がある。

　別法人を設立しない「政策ベース」（伊藤 2015）の連携もある。連携協約による奈良県と川上村による「奈良県と川上村との郷（まち）づくりに関する包括協定」による連携があり，この協定をもとに，先にみた東部地区でかわかみらいふなどの活動がある。協議会としては，「森に育まれ，森を育んだ人々の暮らしとこころ～美林連なる造林発祥の地"吉野"～」をテーマにした日本遺産に関する吉野地域日本遺産活性化協議会や，奈良県と和歌山県の市町村が県域を越えて連携する吉野川・紀の川流域協議会などがある。協定書による連携は，和歌山市との「水源地保護に関する協定書」にもとづく事業がある。その他に，広域連携コミュニティバスとして奈良交通に委託しているR169ゆうゆうバスの運行事業がある。

■ 川上村の地域づくり

　川上村では，「消滅」するかしないかとは関係なく，これまで自治の取り組みを地道に積み重ねてきており，コミュニティ・地区での活動をベースに，多様な公共的団体を組織化して，多様な自治体間連携を重層的に組み込み，それらを全体的に調整しながら，「水源地の村づくり」に取り組んできた。その中で，高齢者が安心して暮らし続けられ，移住者は2015年度～2021年度で合計34世帯，72人（うち中学生以下は23人）増えて（奈良県川上村ホームページ），民間企業だけでなく公共的な法人でも若者が雇用されている。2015年と2020年を比較して子ども人口（０歳～９歳）は，56人から69人へと13人増えている（川上村『第２期川上村まち・ひと・しごと創生総合戦略（2021年３月）』）。川上村では，ある程

度「都市にはない豊かな暮らし」を実現しているといえるのではないか。

3　内発的な地域づくりに向けて

　現在の日本の地域づくりでは，政府機能よりも市場の機能を重視する「小さな政府」の考え方をベースに，「選択と集中」などのキャッチフレーズのもとで「地方創生」が，国の方針として「上」から押しつけられてきている面がある。しかし，視点を地方や田舎の自治体のほうにおいてみると，地域では「信頼」や地域組織のネットワークを大切にしたコミュニティや地区を基盤にして市町村の自律（自立）を模索しながら，周辺の市町村や都道府県との自治体間連携を何層にも組み合わせて地方自治の取り組みをおこなっている実態がある。それらの動きがせめぎ合って，全国で行政や政治，地域経済が動いている。

　人口減少社会で将来の危機への対応も大切だが，今地域で暮らしている高齢者をはじめ，子どもや若者など住民の暮らしや営みをいかに支えるかを基本にしながら，地域にある資源を活用して地域住民が活躍する内発的な地域づくりを進めることも大切だ。社会経済的条件が厳しいゆえに現場の課題と格闘しながら知恵を絞り踏ん張っている地域や小さな自治体の取り組みは，よく見つめてみると，地域に暮らす住民の生活を豊かにすることが大切だという地方自治の基本的な目的において，都市部でも役立つ話が少なくない。今どこに住んでいるかにかかわらず，わたしたちは，ここで見た取り組みを共有して，人口減少社会の課題に対する地方自治の具体的なあり方を模索していく必要があるように思われる。

☑ 調べてみよう・考えてみよう

① 総務省「過疎地域等における集落の状況に関する現況把握調査」などで，最新の過疎地域市町村内で集落単位の状況がどのようなものか調べてみよう。

② 吉野地域日本遺産活性化協議会のホームページなどで，川上村が自治体間連携をおこなっているエリアの地域資源や魅力の一端を調べてみよう。

③ 人口減少社会をどうすれば維持可能な社会に転換することができるのか，国や自治体の役割とともに，国民の思いや生活の視点から考えてみよう。

📖 **おすすめ文献**

① 小田切徳美，2014，『農山村は消滅しない』岩波書店．

　　本章で見た「地方消滅」論に対して，「田園回帰」などの現状や地域づくりに取り組んでいる実際の事例から，農山村は「消滅」などしないと反論している。下記の『地方消滅』とあわせて読むと，地域づくりに関する議論を比較して考察することができる。

② 中村稔彦，2022，『攻める自治体「東川町」：地域活性化の実践モデル』新評論．

　　過疎・高齢化地域の小規模町村の1つで，自律（自立）の地方自治に取り組んでいる北海道東川町における具体的な行財政のあり方を紹介しており，小さな自治体の可能性を考えることができる。

③ 大森彌・武藤博己・後藤春彦・大杉覚・沼尾波子・図司直也，2015，『人口減少時代の地域づくり読本』公職研．

　　行政学や地方財政論，都市計画論など複数の学問領域から，人口減少社会の現状と課題や地域政策のあり方をふまえながら，地域づくりの理論と実践についてわかりやすく解説している。

【水谷利亮】

第7章

その先はユートピア，それとも？
―― DX によって変わる社会 ――

---

1 社会を変えるアプリ――「シビックテック」の挑戦――

■ エンジニア×市民×行政＝！？

コンビニやスーパーでアルバイトをしている学生から，捨てられる食品の話をよく聞く。まだ食べられそうなのに廃棄されるお総菜やお弁当などの量は半端ではなく，しかもそれが毎日のことだそう。「フードロス」と呼ばれるこの問題に，まちをあげて取り組んでいるのが兵庫県姫路市。市役所が開発したあるアプリ（「Utteco Katteco」〈売ってエコ 買ってエコ〉）が活躍中だ。

消費期限間近などの理由で廃棄される予定の食品をお買い得な値段にしようというお店と消費者をつなぐもので，消費者はアプリを通じて出品されているお買い得商品を確認，予約のうえ，お店を訪ねて購入するという仕組み。多くの利用者に歓迎されており，姫路市役所によると登録ユーザーはおよそ3万人に及び，同様な制度を採用する自治体もジワリと増えている模様。

このようにIT が社会を変えようとしている。市役所にこれだけのことができるのなら，市民や企業の力が加わればもっといろいろなことが可能ではないだろうか。そのような取り組みは実はもうはじめられていて，エンジニアと市民，そして行政の協力によって各種の課題解決を目指す取り組みは「シビックテック」と呼ばれている。「市民（civic）」と「技術（technology）」を掛け合わせた言葉で，ここでは「IT を使ってみんなで地域内のさまざまな課題の解決に取り組む活動」としておこう。

活動の起点になるのは，地域のなかに潜む「何とかならないかな」というお困りごとを発見すること。「Code for XX」と称する団体などに集う IT に詳し

いエンジニア，課題解決に意欲と行動力を持つ市民，そしてデータと実務に強みを持つ自治体行政が力を合わせて，そうした問題を解決するアプリの開発に取り組む，というところを想像してもらいたい。

　例を1つ紹介しよう。日本ではじめて設立されたシビックテックの団体と言われている「Code for Kanazawa」（以下，CfK と表記。この場合の code とはプログラムの意味。アメリカに誕生した「Code for America」という団体名にならって，日本各地に「Code for XX」という団体が次々と誕生している）の支援のもと開発されたアプリの1つに，「のとノットアローン」という子育て応援アプリがある（鈴木 2018）。

　このアプリをのぞいてみると，能登半島北部の2市2町（石川県輪島市，珠洲市，能登町，穴水町）内の子育てファミリー向けの各種イベントがカレンダーとともに掲載されている。自治体の枠を超えて情報がまとめられているので，普段なら気付くことのないとなり町の催しまで一目でわかる。また子育ての相談窓口を一覧で紹介するページや，親子で利用できるスポットをまとめたマップも用意されており，「『孤』育て」とも呼ばれるくらい孤立しがちな子育て中の家庭を応援するアプリになっている。

　このアプリが開発されたきっかけは，CfK のイベントに集った人たちの間で生じた1つの気付き（「子育てに関する情報が不足している」）だったという。アプリが開発され運用されるまでの過程には，シビックテックの強みがよく表れている。イベントに居合わせた子育て支援に取り組む市民ボランティア，元自治体職員のエンジニア，I ターンで能登に移り住んできた主婦，という日常ではまずありえない出会いがアプリを開発するきっかけとなり，使い勝手のいいものへと磨き上げていく推進力になっているからだ。

　社会のなかに潜んでいたニーズが「発見」されて開発がはじまり，エンジニアがこれを形にする。ただしそのアプリを実際に使うのはエンジニアではない。使い勝手の良さを，現役の親御さんたちがチェックする形でバージョンアップしていく，という具合。壁にぶつかった時は，CfK のネットワークに助けを求めると，エンジニアに限らない様々な分野の専門家からアドバイスや支援の手が差し出されたそうだ。このようにシビックテックにあってはエンジニア，市民，行政の三者の協力によって活動が成立していることがうかがえる。

■ シビックテックのストロングポイント

　シビックテックには，アプリのもとになるプログラムを公開すること（設計図を公開するようなもの。**オープンソース**と呼ばれる）により，これが他の地域でも利用可能となり，その過程で改良が進められるという強みがある。コロナ禍が深刻な脅威となりはじめた2020年３月，東京都庁が設けたあるウエブサイト（「新型コロナウイルス感染症対策サイト」）が話題になった。

　都庁からの発注を受けてこのサイトを作ったのは「Code for Japan」。「Code for America」から刺激を受けた人たちが立ち上げた団体だ（先述のCfKのような団体とは，「連携する」，「支援する」という間柄であるとのこと）。それまでの都庁（おそらくは大半の地方自治体）の情報提供は紙ベースで，ウエブ上公開される情報もそれをPDF化したものであったため，それを二次利用しようとしても再度データ入力が必要だった。その点CfJが作ったサイトはオープンソースであったため，外部の人でもデータを使えるという点で画期的なものであり，話題になったという次第（政府や事業者などが機械判読に適したデータ形式で公開するデータは「**オープンデータ**」と呼ばれて，都庁がこのサイトで公開したものはその実例）。

　オープンソースの強みはこのケースでも発揮された。サイトが公開されるやいなや，都庁には次々と提案が寄せられたという。バグの指摘にはじまり，視覚障がい者への配慮を求める声，外国語版を求める声等々で，要望に応えるために行われた改善は2,000件を超えたそうだ。強みはもう１つあって，このサイトは各地に広がった。改良を重ねたものがすばやく，そしてたくさんの地域へと転用されており，その数54自治体に及んでいるとのこと（荻原 2021）。

　このサイトの作成は，東京都庁から受注したものであるため契約料が発生しているが，実際にプログラムの作成を担当したエンジニアたちは事実上ボランティアであった。市民のパワーは侮れない。企業に発注する場合と比べると，サイトの立ち上げは低コストで，しかも相当に早かった（契約が結ばれたのが３月２日，対策サイトが公開されたのは３月３日の深夜）。

　シビックテックは社会のなかで，すでにこのような実績を残しはじめている。今後ますますの活躍が期待されるところだが，そのためにはシビックテックの活動が行政ともっと有機的に連携できるように協働の場を設けることや，政府が保有する情報の公開に積極的に努める姿勢などが求められている（この

ような政府は「オープンガバメント」と呼ばれる）。とりわけ情報の公開はこの分野のカギを握ると言ってもいいくらい重要なことなのだけども，当の行政はそのようなニーズに応えようとしているであろうか。次節では自治体による情報化の取り組みの様子を見ていこう。

2　はじまった「自治体DX」

■ 自治体DXとは？

　デジタル技術によって社会が大きく変わろうとしているなか，幸か不幸か，この流れを加速させたのはコロナ禍だった。筆者たちの勤め先である大学も様変わりした。講義は対面の一斉授業からオンデマンドへ，答案やレポートも紙からデータへ，打ち合わせや会議もオンラインへと変わった。

　このような社会の変化に出遅れたのが，国や自治体の行政。地方自治体に関していえば，ようやく「自治体DX」と呼ばれる変革に着手したところだ（DX〈デジタル・トランスフォーメーション〉とは，ITを駆使して集積したデータを活用することにより価値を生み出し，社会そのものを転換させること，と説明しておこう）。

　課題山積の自治体行政がDXに寄せる期待は多岐に及んでいて気持ちがはやるところだけれど，忘れてはいけないのはコロナ禍のもとでの定額給付金の支給もワクチン接種の手配もほとんどアナログな手続きに頼るしかなかったこと。つまり自治体DXには「まずはこれから」とされる，以下のミッションが控えている。国が整える全国的な共通基盤に参加して，あわせて庁内の仕様をそろえること。それというのも，国も自治体も各セクション間で採用しているシステムがバラバラであり，データの形式や業務の手順が異なるからだ。

　このような現状から脱するため，国は首相直轄の「デジタル庁」を2021年に設置し，これが司令塔となって大規模なプロジェクトに着手した。2025年度末をめどに，システムの統一を図る形で設けられる共通の基盤に全国の自治体を参加させ，それぞれが持つデータを全国規模のクラウドに移行することが目指されている。このような整備が実現すれば，「マイナンバー」を活用する形で各種の行政手続きのオンライン化が進められ，先に述べた定額給付金やワクチンの手続きもオンラインですばやく行われるようになることが期待される。

　ただ目標の実現には不安材料も指摘されていて，その１つにデジタル人材の少なさがある。そもそも都道府県庁や市役所などに，この分野に明るい職員がいるとは限らない。国はこの点につき，自治体が「任期付職員」などの形態で民間企業からの出向者を迎えることをその解決策として想定している。

　このような官民交流を通じて行政機関に入ってくる人材が民間の視点を自治体に持ち込むことにより，自治体が持つデータの活用の可能性を拓くこと（この前提として求められるのが，前述のオープンデータ化）や，企業に戻った後で新たなビジネスチャンスを創出することが期待されている。このように自治体 DX には，そもそも当初より「民間のデジタル・ビジネスなど新たな価値創造等が創出」（総務省「自治体 DX 推進計画」）されることが目的に掲げられている。つまり，官と民の間でデータが相互に活用されること，そしてそれがビジネスのための相互利用でもあることが前提とされているのである

　このような相互利用から経済を活性化させる新しい視点が生まれることが期待される一方，わたしたちは他方データ化される「客体」でもある。そこに潜む危険性も指摘しておこう。１つには情報が本来の目的から外れた場面で使用される危険性があること，もう１つには情報の漏えいの危険性が高まること。マイナンバーに紐づけされた各種のデータに合法的にアクセスできる存在が行政職員に限られないことに対しては，警戒が強く求められる。過失であれ意図的な漏えいであれ，データ流出の確率は高くなるし，これを防ぐ方法はより困難になるのだから。これらの危険性をどう防げばいいのか，この小論のなかでその手立てを論じるのは手に余るのだけれども，個人情報を守ることの重要性がこれまでとは比較にならないくらい問われてくるであろうことは強調しておきたい。

3　DX は民主政治の敵か，味方か？

■ インターネット上で起きていること

　筆者は住民投票研究を専門としている（**第13章**参照）。普通の市民は，良くも悪くも日頃から個々の政治問題に精通しているとは限らず，むしろ予備知識を欠くのが実際のところだろう。そういう人たちがいきなり「（これから住民投

票を行うので）駅前再開発に賛成するかどうか決めてください」などと問われたら，どうなるか。多くの人が困惑するに違いない。

　そういう市民が，住民投票にあって「よく分からない」といって棄権するのでもなく，また感情の赴くままに一票を投じるのでもなく，納得づくの選択を行うためには，争点に関する事実関係を正確に理解すること，そして他人の意見や交わされる議論に触れることが大切ではないだろうか。このことは住民投票に限らず，政治そのものに向き合うときに求められる姿勢でもある。

　インターネットが普及をはじめたとき，情報化は民主政治をバージョンアップしてくれるのではないか，という期待感があった。必要な情報を集めるうえでも，人々が議論に触れるうえでも，役立つツールだと思われたからだ。

　しかし広く，そして深くインターネットが社会に定着した現在，これによってそのような民主政治の前提がむしろ蝕まれているのではないか，という疑念が生まれている。具体的には，インターネットが人々の視野を狭くしているのではないか，ということが疑われている。

　読者の10人が10人とも経験していると思うのだけど，インターネットで商品を探すと，それ以降は勝手に「おすすめの商品」が提示されてくる。仕組みは知っているだろう。Google や Yahoo! といったプラットフォームでは，ユーザーの閲覧履歴や購買履歴などからその嗜好や趣味，職業，所得，家族構成などを判断し，その人物像を仮想的に作り上げている（いわゆる「プロファイリング」）。その結果，その人向けにカスタマイズされた「おすすめ」（＝ターゲティング広告）が用意される，という次第。

　「おすすめ」は商品だけではない。ニュースサイトに並ぶラインナップもその人の関心に沿ったものが，また評論記事もその人が持つ政治的嗜好にフィットするものが優先的に並ぶようになっている。これが常態化すれば，その人にあっては「自分の見たいニュースだけが世界のすべて」ということになりかねない。このような状態は「フィルターバブル」と呼ばれている（パリサー　2016）。

■ フィルターバブルへの懸念

　ここから懸念されることがいくつかある（NHK 取材班 2020）。1つ目はこれが世論操作に利用されてしまう問題。政治目的の「ターゲティング広告」がす

71

でに実用化され，成果を上げていると言われている。現代の政党は「選挙プロ
フェッショナル政党」と称されるほどに世論対策に力を注いでいるのだけれど
も，ここにビッグデータと AI という精鋭兵器が配備された結果，個々の有権
者を対象にして，自陣営に誘いこむことを目的にした，また相手陣営の支持者
には離反させることを目的とした広報活動＝マイクロ・ターゲティングが行わ
れるようになっている。それも正面から支持を訴えるのではなく，一目では政
治広告と分からないような形態をとることもあるため，サブリミナル効果のよ
うに本人が気づかないうちに誘導される怖さも指摘されている。

　2つ目は，社会を分裂させる危険性があること。例えば民族や性別について
差別的な意識を持つとプロファイリングされた人に対しては，その傾向に沿っ
たニュースや評論がカスタマイズされた形で提供される。「××人ばかりが特
権を認められている」という主張や，「男性は逆差別で虐げられている」といっ
た論調だけがその人の手元に届けば，その差別意識は強くなる一方ではないだ
ろうか（このような現象は「エコーチェンバー」と呼ばれている）。SNS を通じて同
様な価値観を持つ人と簡単につながることができる今日，そのような人々が
ネット上に「部族」と呼ばれるコミュニティを形成し，他の「部族」と激しく
対立し，敵視しあう社会の分裂が懸念されている（バートレット 2020）。

　3つ目に，フェイクニュースや偏向した情報がそのなかで無批判に受け容れ
られ，拡散されていく，という問題もある。インターネット上には怪しい情報
も少なくないことは読者も知っているだろう。そのなかには単なる過失の結果
の「フェイク」も存在する一方，たちが悪いのは意図的に流される種類のもの。
大きくは政治目的を持ったものとそうでないものに分けられて，2016年のアメ
リカ大統領選では両者とも大量に飛び交ったといわれている。前者は政敵を貶
めようという目的を持つものとして説明できるとして，後者はどうだろうか。

　例えば，「ローマ法王がトランプを支持した」といったフェイクニュースが
一騒動を起こしていたのだけれど（実際には事実無根），その発信元は，当の人
統領選とは直接の関係を持たない東欧の小国マケドニアに暮らす若者たちだっ
た。かの国ではそのようなニュースを発信するのはちょっとした「産業」になっ
ているという話。動機は閲覧回数を稼いで広告収入を増やそうという，ひとえ
に経済的なもので，当人たちは「だまされる方が悪い」と言っている。

　このような動機から発信されるフェイクニュースを根絶することは難しい。とすれば問われるのは，このようにねつ造されたニュースを容易に信じてしまう人をいかに少なくするか，ということになる。懸念されるのは，「フィルターバブル」はそういう人をむしろ増やしているのではないか，ということだ。

　以上，「フィルターバブル」に端を発する懸念を見てきたが，それらから危惧されるのは，意見の異なる相手との冷静な議論や，事実にもとづいた議論が期待できるだろうか，ということ。議論の場が持たれたとしても，むしろ互いに憎悪の念を強くさせるだけということになりはしないだろうか。

　2021年のこと，東京都武蔵野市で外国籍の住民に住民投票の投票権を認めようとする条例案が市長から提案された際，議決権を持つ市議たちには立場の違いに関わらず，厳しい言葉が投げかけられていた。賛成すれば「反日」と罵声を浴びせられ，反対すれば「レイシスト（人種差別主義者）」と非難されるという具合。キャスティングボートを持つことになってしまった中間派の議員が，本会議で反対票を投じるにあたって行ったスピーチは，いろいろな思いがあったことをうかがわせる，涙声の混じったものだった。そんな光景に触れると，懸念はすでに現実の一部になっているのではないかとも思ってしまう。

■ その先はユートピア，それともディストピア？

　ただし，研究によってはインターネットが与える影響は限定的なものにとどまると結論付けるものもある（田中・浜谷 2019；辻編 2021）。「フィルターバブル」の外の世界を見せるために，あえてカスタマイズされていない情報との出会いを仕掛けるためにAIを使おう，というアイデアも出されている（関心のある人は，「セレンディピティ」という概念を調べてみてほしい）。

　また，合意形成のためにAIを活用するという仕組みも開発されていて，台湾にあってはすでに実用化されている（榎並 2018；大野 2022）。システムの名前は「Pol.is」。通常のSNSの場合，書き込まれた意見に対しては「返信」が寄せられて，そこから場が荒れることもあれば，「炎上」も起きる。その点このシステムが特徴的なのは，寄せられた意見に対して「返信」はできず，「賛成」「反対」「パス」のいずれかを選ぶしかできないこと。「返信」がないことによって，投稿者は「炎上」を心配することなく思うことが書き込めるだろう。

　加えて，書き込まれた意見は AI によってクラスター化され，その結果，論点によっては合意が得られる可能性があることを提示する，というのがこのシステムの優れたところ。一例を挙げると，台湾に Uber のサービスが進出しようとした際，寄せられた意見自体は「規制が必要」という反対派グループと「Uber を使いたい」という賛成派グループの 2 つに割れていた。しかし，そんな対立のなかでもこのシステムは，「最も重要なのは安全であり，ドライバーの資質の確認が必要だ」という一点においては幅広い合意が存在していることを示したという（図 7-1 参照）。つまりは，AI には社会の分断を引き起こす危険性が指摘される一方，同時にまたこれを乗り越える手段となる可能性があることも台湾の事例は示している。

　本章の議論をまとめよう。DX がもたらす将来像についての結論を求められるなら，現時点では研究も実践も緒に就いたばかりであって軽々に決めつけることは控えるべき，ということになるだろう。ただ，ひとつ言っておくべきは，台湾でのこのような取り組みに触れたあとでは，日本政府との姿勢の違いにモヤモヤとしたものを感じざるをえない，ということ。政府の関心の多くが行政の効率化とビジネスチャンスに向かっている一方で，DX をシビックテックのような社会にとっての手段にしようという意識，民主政治のバージョンアップのための手段にしようという意識がそこからはあまり感じとることができない，というのがその原因なのだと思う。

　オープンデータのもと市民がこれを使って次々とアイデアを出すことにより社会を元気にしていく，というイメージと，政府とビジネスがデータを手段に社会を操る監視国家・管理社会が出現する，というイメージの両方が錯綜しているのがいまの状況。読者の世代が30歳，40歳になるころには，どちらのイメージが社会の現実になっているだろうか。

☑ **調べてみよう・考えてみよう**
　① シビックテックの活動例を 1 つ調べてみよう。
　② 個人情報が目的外使用されて，社会問題化した例を調べてみよう。
　③「セレンディピティ」とは何のことなのか調べてみよう，またこの概念が注目される理由を考えてみよう。

図7-1　合意形成を支援するシステム

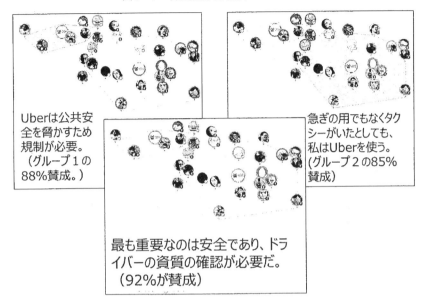

Uberは公共安全を脅かすため規制が必要。
（グループ1の88%賛成。）

急ぎの用でもなくタクシーがいたとしても、私はUberを使う。
（グループ2の85%賛成）

最も重要なのは安全であり、ドライバーの資質の確認が必要だ。
（92%が賛成）

出所：榎並 2018：30。

📖 おすすめ文献

① 谷口将紀・宍戸常寿，2020，『デジタルデモクラシーがやってくる！』中央公論新社.
　　デジタル化が政治や行政にどのような影響をもたらすのか，政治学者と憲法学者が，各分野の専門家からレクチャーを受けるという体裁の一冊。対話形式なので読みやすい。

② NHK 取材班，2020，『AI vs. 民主主義』NHK 出版新書.
　　「デジタル選挙戦略」が2016年のアメリカ大統領選挙でどのように展開されていたのか，その実態を探ろうとするルポ。時間の経過とともに「手口」も進化しているのだろうと思うと背筋が寒くなる。

③ 大野和基，2022，『オードリー・タンが語るデジタル民主主義』NHK 出版新書.
　　「マスク不足」のなか，これを購入できるお店のマップを作った若き IT 担当大臣，として知られるタン氏だが，民主政治に対する貢献もたいへんなもの。本書で紹介できなかった実践もたくさん取り上げられているので，ぜひ一読を。

【上田道明】

第**8**章

地域経済はどう変わったのか？
──新しい地域経済モデル構築を考える──

1 30年間（1990〜2020年）における地域経済の変化

■「サービス経済化」が進む

　元号も昭和，平成から令和へと変わり，地域経済も大きくその姿を変えてきた。まず，ここ30年間（1990〜2020年）の変化についてみてみたい。第1に，産業構造はゆるやかにしかし着実に変化した。図8-1は，1940〜2020年までの長期にわたる産業別就業者数の割合をみたものであるが，①1950年に約50％近くを占めていた第1次産業が高度成長期に大きく減少し，1985年に10％を切り，2020年には3.4％まで低下した。②製造業を代表とする第2次産業は高度成長期に30％台にのり，1975年に34.2％と最大となるが，2000年を過ぎると20％台へと低下し，その後もシェアを減少させている。③第3次産業（サービス業）は増加し続け，とくに1975年に50％，1995年に60％そして2010年に70％を超え，産業構造におけるサービス業の比率が高まるいわゆる「**サービス経済化**」が進んだ。

　このうち，②については，バブル景気と崩壊，アジア通貨危機，リーマン・ショックを経験し，製造業はその割合を低下させながら，その主役は電機産業（エアコン，テレビなどの家電，半導体などの電気機械・情報通信機械製造業）から自動車産業（輸送機械器具製造業）へと代わった。しかも，2011（平成23）年を境に輸入が輸出を上回って貿易収支が減少し，貿易赤字に転じて「貿易立国」ではなくなった。このことは，第1次所得収支（海外への直接投資や証券投資からの収益）が拡大して「投資立国」になったことからもわかる（経済産業省HP，「平成を振り返る：統計が映す主役たちの変化」）。なお，これらの背景には，製造業が

図 8-1　国勢調査からみた産業別就業者数の割合

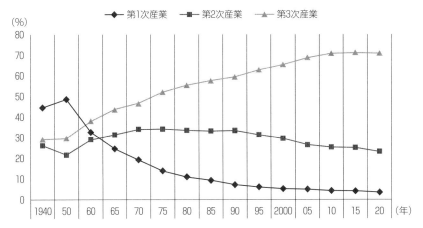

出所：各年国勢調査結果による。

生産の場を国内から海外へ広げてきた効果，長期にわたる円安の影響もあるのかもしれない。

　③については，一言で「サービス経済化」といっても，複雑な様相を帯びている。まず，サービス業内で業種数が増加した。日本標準産業分類における2013（平成25）年10月改定では，市場調査・世論調査・社会調査業やリラクゼーション業（手技を用いるもの），ネイルサービス業，商品先物取引業，ネイルサービス業，コールセンター業といった新しい業種が新設された。次に，事業所数・従業者数ともに，高齢化の進展によって「社会保険・社会福祉・介護事業」が増加し，インターネットやパソコンの普及で「インターネット付随サービス業」や IT 関連業種などが増加した。

■ 非正社員数の増加・正社員数の減少

　第 2 に，非正規の職員・従業員数が817万人（1989年）から2117万人（2018年）へと，2 倍以上に増加した。その一方，正規の職員・従業員数は3452万人（1989年）から3423万人（2018年）へと約30万人減少し，正社員率は80％近く（1989年）から62％（2018年）へと減少した（経済産業省 HP，「平成を振り返る；統計が映す主役たちの変化」）。

図 8-2　都道府県別にみた地域経済の不均衡発展（2015年）

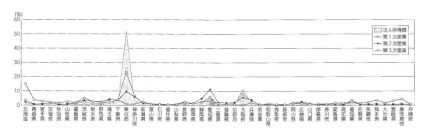

出所：内閣府「県民経済計算年報」2015年版，国税庁「法人税統計」2015年版。
出所：岡田（2020）pp154〜155より転載。

■「東京一極集中」の進展

　第3に，1980年代初めに出現した「東京一極集中」が，経済のグローバル化の中で，2000年代に一層進んだ。「東京一極集中」とは，簡単にいえば，ヒト・モノ・カネが東京に集中することであるが（人口⇒**第6章**），**図8-2**をみると，東京に法人企業所得の50％以上が集中し，地方における収益・海外からの所得移転・輸出利益を本社機能によって吸引していることがわかる（岡田 2020;pp154〜155）。そして，相対的に大阪を含む地方の経済的地位が低下した。つまり，東京経済だけが海外そして地方からの富を吸収して繁栄する一方，地方はますます衰退してきたといえる。

2　地域経済の歴史

■ 高度成長期―大企業を頂点に中小企業を活用した下請システム

　これまでの地域経済の歴史を振り返ると，高度成長期から1990年代前半までの日本経済を牽引してきたのは，自動車，電気・電子機械といった産業であった。これらは，①1960年代に入って，国民の所得水準が上昇するとともに消費水準も上昇して国内需要が高まったこと，②海外技術の導入によって企業の技術力が向上していたことを背景に，さらなる売り上げの増加と企業成長を求めて輸出を進め生産を増加させた。そのため，日本の大企業は，地域の中小企業を外注先として活用する**下請システム**を形成・確立した。下請中小企業（協力

工場ともいう）は，親企業（中心的大企業）によって，いわゆる「協力会」に組織化され，技術・経営面での指導を受けながら育成された。

　この時期，多くの自治体は競って大企業（大工場）を積極的に誘致する政策を講じた。

■ 安定成長期──1970・80年代──

　しかし，1970年代の２度の石油危機とエネルギー価格の高騰，1980年代後半の円高不況（輸出の停滞），発展途上国の台頭によって，造船業などの大企業は少しずつ苦しい状況に追い込まれ，就業者がかなり減少し，「企業城下町」が崩壊したところもあった。

　これに対して，第1に，中心的大企業（大工場）はコストを削減するために，1970年代に工場を労働力の安い地方圏へと移転させ，さらに1980年代後半からは海外の市場に近いところで生産する「海外現地生産化」が進んだ。下請中小企業のなかには，大企業の進出先の地方そして海外に進出を要請される企業もあった。第2に，家電産業では，大企業自身，正社員の労働時間の調整やパートタイマーの削減などの雇用調整を行った（「減量経営」）。第3に，大企業は下請中小企業に対して，**トヨタ生産方式**を代表とする生産管理・品質管理方法の指導を通じて，品質向上や納期厳守，徹底したコスト削減の実現を求めた。

　下請中小企業は，親企業からの単価切り下げ要求に対して，ときには赤字が出ることもあったが，次の仕事を得るために要求をのんで対応した。なぜなら**長期継続取引**が予想されたので，次の機会に儲けを取り戻そうと考えたからである。また，同業種・他業種の他の親企業を探して新たな注文を確保することにも努めた。総じて，地域の中小企業の多くは，この時期，技術力・経営力を向上させながら，中心的大企業とともに規模を拡大しながら成長した。日本のものづくりは日本国内ですべての工程をまかなえる「**国内完結型**」・「**フルセット型**」であったので（関 1993），この時期，下請中小企業は親企業からの要求が厳しかったが仕事はまだあったのである。

■ バブル崩壊と平成不況──1990年代──

　しかし，日本経済は，1991年のバブル崩壊後，これまで経験したことのない

出口の見えない不況（いわゆる「**失われた10年**」）を経験することになった。その後，2000年代に入っていったん持ち直していた景気も，2008年のリーマン・ショックそして2011年の東日本大震災によって再び悪化した。

　その背景には，2000年代に入って**経済のグローバル化**が一層進展し，大企業は労働力が安く市場が大きい中国に工場を集約して（「**世界の工場・中国**」），**製造業の「東アジア化」**が進んだ結果，日本では，これまでの「フルセット型」・「国内完結型」のものづくりができなくなり，日本国内の企業は，東アジア域内生産の工程の一部を担うことになったという事情があった（渡辺等 2013）。そのため，海外工場が政変や自然災害に遭ったりすると，ものづくりが止まり，大きなダメージを受けるようになった。また，2004年に製造業への労働者派遣が解禁されて派遣労働者など非正規労働者が2000年代に増えたが，2008年のリーマン・ショックで一斉解雇（「派遣切り」）されるなど，雇用の調整弁とされた。また，中国や台湾，韓国などの大企業が技術力を向上させて発展し，日本のものづくりはダメージを受けて国際競争力を失った。その結果，家電産業などの大企業は経営不振に陥って雇用が減少し，それまで長期的に継続されてきた下請中小企業との取引もなくなるなど，大企業と地域経済との関係が薄まってきている。地域経済は衰退して格差が拡大し，「**アンダークラス**」（新しい下層階級）の出現さえも指摘されている（橋本 2020：第10章）。

■ 現在の経済振興策

　こういった地域経済の衰退に対する策の１つとして，「観光」による地域経済振興が講じられるようになった（以下，『国土交通白書2020』，『令和４年版観光白書』）。とくに，2005（平成17）年１月の小泉純一郎総理大臣による施政方針演説で「2010年までに外国人訪問者を1000万人にする」という目標が掲げられたことによって，翌年に成立した「観光立国推進基本法」で，観光が21世紀における日本の重要な政策の柱として明確に位置付けられるに至った。そして，2008年には，「観光立国」の推進体制を強化するために，観光庁が国土交通省の外局として設置された。その結果，2013年には訪日外国人旅行者数が1036万人と１千万人を超え，2019年の3188万人まで順調に増加し続けた。これを受けて，各地方自治体でも，観光に力を入れた地域経済振興策が積極的に講じられ

るようになった。

　その一方で，中小企業支援，地域産業活性化に積極的に取り組む自治体も増えた。もともと，多くの自治体は大企業（大工場）誘致に熱心で，中小企業支援政策にはあまり取り組んでこなかった。しかし，①1999年に中小企業基本法が改正され，自治体も中小企業政策を講じなければならなくなったこと（中小企業基本法第6条参照），②1990年代初めのバブル崩壊後これまでになく不況が長引いたこと，③何よりも中心的大企業の経営不振や下請中小企業への仕事が減少したことを受けて，自治体も，国とは独自の自治体中小企業政策を積極的に講じるようになった。これらの自治体に共通してみられたのは，とくに「中小企業振興基本条例」の制定と「産業振興会議」の設置・運営であった。

3　新しい地域経済モデルの構築の方向性を考える

■ 新しい動き──第6次産業化と地産地消──

　現在，地域経済では，さまざまな新しい動きがみられる。たとえば，①農業における特産物づくりとその特産物を加工して販売することやそのための製造業・小売業との連携がすすめられている（「6次産業化」）。他にも，特産物を学校給食に取り入れるといった動きや，特産物を地域内外の人々に販売する「道の駅」を整備するなど，②「地産地消」の取り組みが多くみられる。この「地産地消」の動きはエネルギー分野でもみられる。2011年3月11日に発生した福島第1原発事故以降，太陽光をはじめとする自然再生エネルギーへの関心が高まり（⇒第4章），地域小水力発電で地域内の電力をまかない，儲けたお金で下水道を整備するといった取り組み（富山県朝日町）や地域資源の森林を活かした木質チップによるエネルギーの地産地消をめざす取り組み（宮城県気仙沼市）などがみられるようになった。

■ 新しい地域経済モデル構築のための方向性

　これからわたしたちの暮らしを成り立たせていくために，「新しい地域経済モデル」をどう構築すべきか，先ほどの新しい動きを踏まえ，その方向性について，筆者が考えている5つのポイントを紹介したい。

　第1に，**産業の多様性を図る**ことが重要である。企業城下町のように１つの産業に特化せずに産業の多様性を図ったほうが，①グローバルな経済の変化にも地域経済が影響を受けにくいし，②法人市民税収の源泉が分散され，税収の安定化を図ることができる。そのためには，これまで自治体が取り組んできた企業・工場誘致や新産業創出といった政策だけでなく，農業・林業・水産業といった第１次産業をターゲットにして，㋐食糧自給率を高め，㋑特産物をつくって６次産業化を図り，地産地消を進め，㋒エネルギーの地産地消も進めてはどうだろうか。これらは，産業振興策としても考えることができる。ただし，第１次産業は天候に左右されるところが大きいため，所得補償の導入などが検討されるべきである。

　第2に，中心的大企業の本社がその地域にとどまるよう促し，その大企業が生産・販売して得た利益を税金というかたちで地元の自治体へ納め，その税金が地域のために使われることが望ましい。もし，主要大企業の本社が東京にあれば，主要大企業が地域で生産して販売した利益は東京本社に移転されることになる（岡田 2020：第６章）。そうなると，東京だけが儲かることになってしまい，東京以外の地域にはメリットがない。よって，地域経済の自律性を保つために，本社をその地域にとどめることが重要である。その意味では，地域経済に埋め込まれた中小企業による経済活動の方が，儲けは少ないかもしれないが，地域への貢献度は高いのではないだろうか。

　第3に，カネが地域内を循環する（**地域内経済循環**）の仕組みをつくることが重要である。その際，地域の企業が，①仕事を地域内企業に回すこと，②地域の人たちを雇用して，企業が得た利益を地域の人たちに給与として再配分すること，③地方自治体へ法人税を納税すること，④最も公（おおやけ）な存在である地方自治体が，地域内経済循環を可能にするシステムを構築することが必要である。

　第4に，**地域内再投資力**（地域内で繰り返し再投資する力）を維持・発展させることが重要であり，そのための努力が必要である（岡田 2020：175）。高齢者の年金で地域内再投資力をなんとか維持しているところもある（岡田他 2016：106）。日本全国で少子高齢化が進展し，生産年齢人口の割合が低下しているが，生産年齢人口は経済的価値を新たに生み出すことのできる存在であり，そ

の生産年齢人口を維持して増やす取り組みを具体的に考えなければならない（岡田他 2016：107）。

　第5に，グローバル経済レベルにおいて，ハイリスク，ハイリターンで儲けるよりは，より生活に身近なレベルの経済において，中小企業，自営業やソーシャル・ビジネス（⇒**第4章**）で稼ぐほうが，儲けの額は小さいかもしれないが，地域経済にとっては安定感が増して，うまく地域内経済循環が達成できるのではないだろうか。人口が減少し少子高齢化が進む中で，正規雇用だけでなく，リタイア後も働きたい元気な高齢者や，子どもが学校から帰るまでの短い時間の労働を求めている親などのパートタイム労働者によって，高齢者が歩いて用を足せるような範囲の日常生活を維持できるような食（たとえばパン屋，生鮮食品店，米屋，喫茶店，レストラン，弁当屋），医療，介護，教育（保育所，幼稚園）といった身近なサービスがグローバル経済の影響をあまり受けずに提供されれば，わたしたちの生活はうまく維持されていくかもしれない。

■ 方向性を制度化するための仕組み

　これらの方向性を地域で議論し制度化するための仕組みが，前述した自治体による「中小企業振興基本条例」の制定と「産業振興会議」の設置・運営である。まず，「**中小企業振興基本条例**」とは，自治体の中小企業振興の理念を明示し，それに対応した施策の基本方向と自治体・中小企業等の役割を明記した理念条例のことであり，1979（昭和54）年に，東京都墨田区で初めて制定された。大阪府八尾市の「八尾市中小企業地域経済振興基本条例」（2001年制定，2011年改正），大阪府大東市「大東市地域産業振興基本条例」（2011年制定）など，2000年以降に制定した自治体が多い（桑原 2014：240）。

　このうち，2010年に制定された大阪府吹田市の「吹田市産業振興条例」は，産業基盤の安定及び強化並びに地域経済の循環・活性化を図り，もって就労機会の増大及び安心安全な市民生活の確保に資するとともに，調和のとれた地域社会の発展に寄与することを目的としている（第1条）。その特徴は，①産業施策の方針として，「地域経済の循環及び活性化に資するための企業誘致を図ること」，「消費地に近い特性を生かすとともに，農地の持つ多面的な機能を活用した都市にふさわしい農業の振興を図ること」，「観光資源を活用するととも

に，市の魅力を市の内外に発信することにより，観光事業の推進を図ること」
（いずれも第4条）を挙げていることである。これまで企業誘致に取り組んでき
た自治体は多いが，その条件として「地域経済の循環及び活性化に資するため」
としているのは珍しい。また，中小企業振興基本条例では，製造業をイメージ
してつくられたものが多いが，都市農業や観光にも注目している。②中小企業
者に加え，大型店・大企業者の役割についても謳っている（第6条）。具体的に
は，「市内において大型店を運営する者は，経済団体等に加入するよう努める
とともに，地域社会における責任を自覚し，市が行う産業施策及び経済団体等
が行う産業の振興のための事業活動に協力するよう努めるものとする」（第6
条第3項），「市内の大企業者は，中小企業者との共存共栄を図るとともに，市
が行う産業施策及び経済団体等が行う産業の振興のための事業活動に協力する
よう努めるものとする」（第6条第4項）とあり，大企業の行動に一定の方向性
を与えている。中小企業振興基本条例は「理念条例」であるため，企業が条例
に違反したからといって罰することはできないので，同条例をどう運営してい
くかが大きな鍵を握っている。

　次に，「産業振興会議」とは，自治体が設置するいわゆる審議会で，中小企
業者，地域経済団体の代表，住民代表，学識経験者をメンバーとし，中小企業
振興や産業振興政策について，中小企業者等の生の声や専門家の意見を聴きな
がら検討して首長に提案するボトムアップ型組織である。1980（昭和55）年に，
東京都墨田区で初めて設置されて以降，大阪府八尾市（1998年），同大東市（2008
年），北海道帯広市（2009年）等，やはり2000年代に多く設置されている。しか
し，産業振興会議のような組織がある自治体は多くない（工業集積研究会 2010：
7，梅村 2021：93）。中小企業・地域経済団体だけでなく住民・自治体職員も加
えた産業振興会議のような参加型ガバナンスの仕組みを構築し，運営すること
が，「自治」のチャンネルを増やし，深めることになるに違いない。

☑ 調べてみよう・考えてみよう
　① 自分が住んでいる地域経済でどのような新しい動きがみられるか，ホームページ，
　　新聞記事で調べてみよう。
　② 地方自治体のホームページから，中小企業振興基本条例の制定や産業振興会議の設

置・運営といった取り組みがないか調べてみよう。
③ ②の取り組みの持つ意味を考えてみよう。

📖 おすすめ文献

① 岡田知弘，2020，『地域づくりの経済学入門―地域内再投資力論―［増補改訂版］』自治体研究社.
　「地域内再投資力」という概念を使って地域経済についての理論的な説明がなされている。同じ著者による『増補版 中小企業振興条例で地域をつくる』（岡田知弘・高野祐次・渡辺純夫・秋元和夫・西尾栄一・川西洋史，自治体研究社，2013年）もあわせて読むと理解が深まる。

② 中村剛治郎編，2008，『基本ケースで学ぶ地域経済学』有斐閣.
　地域経済についての理論も学べるが，とくに地方工業都市について，トヨタ自動車と愛知県西三河地区を事例にわかりやすく学ぶことができる。他にも，地方中枢都市（福岡市・札幌市），地方都市（金沢市）や農村（大分県湯布院）の事例も扱っている。

③ 植田浩史，2007，『自治体の地域産業政策と中小企業振興基本条例』自治体研究社.
　先駆的な東京都墨田区・大田区をはじめ，大阪府八尾市，北海道帯広市といった豊富な事例を分析し，新しい時代に合った創造的な展開を行っていく中小企業や地域産業を振興し，構造変化に積極的に対応する「創造的地域産業政策」を提唱している。

【桑原武志】

第9章

格差社会はしょうがない？
──社会保障の型と自治体の取り組み──

1 働く世代の格差社会

第Ⅱ部では社会経済の大きな転換について見てきた。最後に本章で考えるのは「格差社会」である。1990年代以降，生活を支えるに足る雇用は縮小し，働く世代（20歳-64歳）のなかで所得や資産の差が広がった。そうした変化に，国と自治体の政府＝第1セクターがどのように応答してきたかにここでは焦点を当てよう。社会経済トレンドの変化のベースには，技術革新や人々の価値観の変化があるけれども，政治もまた変化をもたらす重要なファクターだからである。

■ 格差社会の発見

比較的平等だと思われてきた日本社会が，不平等へとシフトしたという認識は，2000年代の後半にはひろく社会で共有されるようになった。それはたとえば，世相を映す言葉を選ぶ「ユーキャン新語・流行語大賞」において，2006年は「格差社会」「ワーキングプア」が，2007年は「ネットカフェ難民」が，2009年は「派遣切り」が選ばれていることからも見てとれる。

働く世代の経済格差は，この時期から，国際的な調査でも明らかにされている。たとえばOECDの調査によれば，日本の「可処分所得」（後で説明）で見た相対的貧困率（所得を低い方から高い方へ順に並べたときに，真ん中にくるそれの半分に満たない所得の人々の割合）は13.5％であり，アメリカの13.7％に次いで14か国中2番目に高い（OECD Economic Survey of Japan 2006）。日本は，働く世代にとって，先進国のなかでワーストクラスの格差社会だと指摘されたのである。

■ 働く世代の格差の要因

このように格差が拡大した要因は，どこにあるのだろうか。

働く世代における格差をもたらした直接の要因として言及されるのは，非正規雇用の拡大である。1984年に604万人であった非正規雇用の人々は，2019年には2173万人へと3倍以上に増えていて，今では雇用全体の約4割を占める（厚生労働省「非正規雇用の現状と課題」）。

ただし，もともと正規雇用であった人々がそれだけ非正規雇用に切り替えられたわけではない。全体として雇用される人が増えて（就業率が上昇して），その増えた雇用に非正規の形態が多いことも見てとれる。年金収入を補うために働く高齢者，正規雇用者の配偶者，アルバイトの学生などが，それにあたる。こうしたパターンでは，世帯所得で貧困ラインを下回ることは起きにくい。

現役世代に低所得と格差をもたらす要因となる非正規雇用とは，家計の補助的な役割を担うのではない，「世帯の主な稼ぎ手」（世帯には単身世帯もふくまれる）が，非正規雇用になる場合である。このパターンに当てはまる人が，非正規雇用全体のうち35％を占めるという。そして，現役世代の相対的貧困層のうち，半数以上に及ぶ54.3％が，「世帯の主な稼ぎ手」が非正規雇用の世帯であることが指摘されている。こうした分布は，日本に特徴的なことであって，OECDの国々の平均では，現役世代の貧困層のうち非正規雇用世帯の割合は27.0％（日本の半分以下）であり，無業の世帯が55.4％を占めるという（石井・樋口 2015）。つまり，日本では無業ではなく働いているのに貧困である「ワーキングプア」が際立つことを意味している。

また，こうした特徴は，現役世代の中でも若年層に強く表れている。1990年代以降の景気・労働市況の悪化が，（世代を通しての解雇や賃下げよりも）若年層の正規採用を絞るという形で調整されたためである。

2　追いつかない社会保障制度

■ 雇用条件が不利だから？

では，正規・非正規の雇用形態の違いは，どのように所得の格差に結び付くのだろうか。

　非正規雇用の賃金は，正規雇用の賃金を時給換算したものを100とすれば，64.9と低い（厚生労働省「令和元年賃金構造基本統計調査」）。これには，家族扶養手当・住宅手当等の諸手当がないことも影響している。また，非正規ではボーナスや退職金がほとんど支払われないし，働く年数にしたがって上昇する賃金カーブにも，正規・非正規で大きな差がある（厚生労働省「非正規雇用の現状と課題」）。こうしたさまざまな雇用条件の不利があることは，おそらく実感レベルでもよく理解できる。そして，その差は，確かに重要である。

　だが，ここではそれに重ねてもう1つ，雇用形態の違いが，格差に結びつくプロセスを考えてみたい。それは，政府による**社会保障**である。

■ 社会保障の役割

　はじめに，社会保障とはどのようなものかを確認しておこう。わたしたちの暮らしが成り立つには，働いて収入を得る必要があるが，病気や出産・子育てで中断したり，失業したり，あるいは高齢で働けなくなったりして収入が途絶えることが起きる。それに対処するために，政府が税金や社会保険料を徴収して，健康保険・雇用保険・老齢年金・生活保護などの制度をつくり，人が働けなくなったときに「現金」を給付する。また，現金の給付だけでなく，子どもの保育や高齢者・障害者への介護などのように，日常生活や働き続けることをサポートするための「現物サービス」を給付する。このように税と保険料の「拠出」および現金とサービスの「給付」を通じて，個々人の生活上のリスクを社会全体で分担するしくみを，**社会保障**（広義）という。

　社会保障の仕組みが厚くなると，所得の高い人から所得の低い人へと，現金やサービスの給付を通じて所得の移転が起こる。これを「**所得の再分配**」という。また，働いて得た賃金や株式の配当など，市場から得た所得を「当初所得」と言い，そこから税金や社会保険料などの拠出分をマイナスして，そのかわりに社会保障によって再分配される年金や児童手当のような給付分（ここでは現金給付）をプラスしたものを，結局のところ自由になるお金という意味で「可処分所得」と言う。

表9-1　労働年齢層における再分配による相対的貧困率の低下幅

	当初所得でみた 相対的貧困率（a） （%）	可処分所得でみた 相対的貧困率（b） （%）	相対的貧困の低下幅 （a）－（b） （%ポイント）
日　本	16.5	13.5	3.0
OECD 平均（14か国）	18.2	9.8	8.4

出所：太田（2006）表2-2より抜粋。ただし単語を一部変更している。

■ 追いつかない社会保障

　それでは，雇用形態の違いが格差に結びつくもう1つのプロセスが，政府による社会保障であるとは，どういうことだろうか。

　先に日本の現役世代の可処分所得で見た相対的貧困率は，アメリカに次いで2番目に高いことを紹介したが，実は当初所得で見た貧困率では，14か国中9位である。表9-1を見るとわかるように，もともと日本は現役世代の貧困率が平均より低い国であったのが，社会保障の再分配機能が弱いために，ワーストクラスになったのである。

　このように現役世代に対する再分配機能が弱いのは，基本的な社会保障制度がいわゆる日本型雇用と性別役割分業を前提に設計されたままになっていて，1990年代以降の雇用の不安定化や人々の価値観の変化に対応できていないことが原因である。日本の雇用の特徴であった，男性稼ぎ主にとっての「終身雇用」や「年功序列賃金」，また，家族手当や住宅手当などの包括的な「企業による福利厚生」は，実質的に人々の暮らしを支えてきた。現役世代には政府よりも企業の雇用慣行が，人々の福祉のありようを規定していたのである。加えて，正規雇用の男性稼ぎ主が世帯の全員分の収入を得て，女性は家庭内で家事・育児・介護などの労働を無償で行うことが前提とされていた。このような日本型雇用と性別役割分業という前提があったことにより，日本の社会保障は特有のバイアスを備えたのである。以下，2つのバイアスを見ていこう。

■ 世代バイアス

　まず1点目には，日本型雇用が現役世代の福祉を支えていたことで，政府の

図9-1　当初所得に対する社会保障の拠出と受給の関係

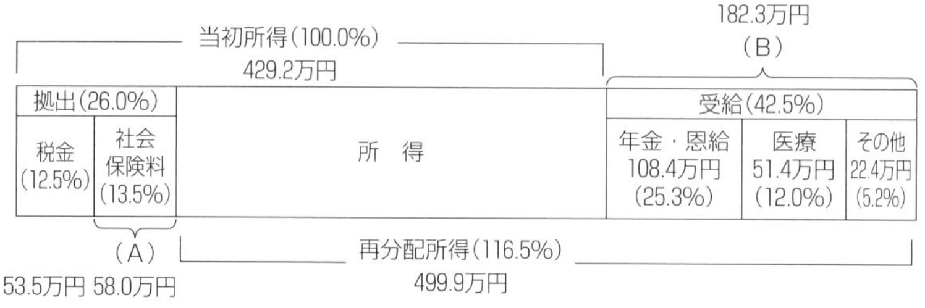

出所：厚生労働省平成29年所得再分配調査。

社会保障は仕事を引退した後のケア中心になったということである。図9-1
を見てみよう。これは，現役世帯も高齢者世帯も含むすべての世帯の当初所得
と，再分配した後の可処分所得を表している。注目したいのは，可処分所得に
おける「受給」の内訳である。年金・恩給と医療が，社会保障の受給の87.7％
を占めている。年金・恩給は主として高齢者世帯に支給される。医療費も65歳
以上の高齢者分が6割を占める（厚生労働省「平成29年度国民医療費の概況」）。も
ともと退職後のケアが中心という制度的特性に加えて，高齢化の進展で給付を
必要とする層も大きくなったことで，社会保障の給付の9割近くを年金と医療
が占めるようになった。これが，世代バイアスである。仮に，受給のうちの
「その他」の部分が大きければ，ここに入るのは失業給付・児童手当・給付型
の奨学金・住宅への補助などであるから，社会保障が現役世代にとっての再分
配に役立つと考えられる。実際に，こうした「その他」部分の給付の割合が多
い国では，現役世代における格差是正が進んでいることが報告されている（太
田 2006）。
　同様の偏りは，個々人への直接的な現金給付以外の，サービスの給付につい
ても言える。たとえば，よく言及されるのは，教育への政府支出である。国際
比較において，日本の政府が小学校から高等教育機関までに対して行った支出
の額は，政府支出全体の7.8％であって，OECD 平均よりも3ポイント低い
（OECD Education at a Glance 2019）。もし政府の教育支出が大きければ，私的に負
担する子どもの教育費が減ることになるので，現役世代にとって所得の再分配

につながる。こうした政府支出の世代の偏りは，サービス給付全体でも指摘されている（大沢 2010）。

■ 標準世帯バイアス

　次に2点目として，同じ現役世代のなかでも，男性の正規雇用＋女性の家庭内労働の「標準世帯」から外れる人々には社会保障がうまく機能しないというバイアスが生じていることを見てみよう。現役世代をより細分化して確認すると，共働き世帯・一人親世帯・単身の世帯においては，政府が再分配を行うことによって貧困率が上昇している。社会保障の再分配機能が弱いどころか，再分配を通じてさらに共働き・一人親・単身の世帯の貧困を深めているわけで，そうした国は OECD では日本以外にないという（大沢 2010）。社会保障制度の主なものには，それほど「標準世帯」バイアスがかかっているわけだ。

　たとえば，正規雇用の99.5％が加入する事業所の健康保険組合では，保険料は経営者と折半で支払うので労働者の負担は軽くなるが，非正規雇用では健康保険組合への加入は52.8％にとどまる（厚生労働省「平成22年度就業形態の多様化に関する総合実態調査報告」）。本人が健康保険組合に加入できず，また，被扶養者として配偶者等の健康保険組合に加入するということもできなければ，自治体による国民健康保険に加入しなければならない。国民健康保険の保険料は市町村によって異なるが，高いところでは単身で年収が200万円でも年間30万円以上を支払わなくてはならず，健康保険組合の保険料と比べて20万円以上も負担が大きい。もともと国民健康保険は自営業者などを加入者として想定しているので，低所得の非正規労働者には重すぎる拠出となっている。ちなみにこうした重すぎる拠出は，国保保険料の未納につながり（保険財政の問題になるとともに）受診控えによる病状悪化リスクを高める問題も引き起こしている。同様の負担の重さは，年金についても言える。厚生年金とちがい，国民年金の保険料は全額が自己負担であり，所得によらず同一金額である。そして，年金の場合では，現役世代での保険料の未納が，将来の低年金・無年金につながる。

　つまり，正規雇用の男性稼ぎ主＋主婦の「標準世帯」を想定して設計された社会保障制度は，このパターンから外れる世帯，とりわけ非正規雇用の単身男性・単身女性・一人親世帯(母子家庭では親の半数以上が非正規雇用)に強く「逆機能」

している。非正規雇用で不安定な雇用環境にあって，また世帯の中でのリスク分散もできないゆえに，セーフティーネットが特に必要になる人々に対して，セーフティーネットが機能しないという逆説が生じているのである（酒井 2020）。

　以上見てきたように，1990年代半ば以降の雇用の不安定化やジェンダー・バイアスの疑問視といった経済・社会の変化に，社会保障の仕組みが追いついていないことがわかる。つまり，政治もまた，現役世代に格差をもたらすファクターの１つになっているのである。

■ 社会・経済の変化と政治

　生活を支えるに足る雇用が縮小しているのは，日本に限った話ではない。先進工業国が共通して直面するその困難の要因は，サービス産業化，グローバル化，ICT の普及などに求められる（**第8章**を参照）。それならば，こうした格差拡大は時代のせいであって「どうしようもない」のだろうか。

　どうしようもないわけではない，ということは，先に見た国際比較からも推測できるだろう。それぞれの国の政府が，どのような社会保障をデザインするかによって，格差は拡大または縮小している。日本の政府もこの数年，少しずつ政策を変更してきた。例えば，週20時間以上働いている等の条件を満たせば，非正規雇用であっても，労使折半される健康保険や厚生年金への加入ができるように，制度の拡大がすすめられている（最新の令和元年度の「就業形態の多様化に関する総合実態調査」では非正規雇用者の健康保険加入率は62.7％に上昇）。また，同じ企業で働く労働者では，正規・非正規の雇用形態の違いによる待遇差があってはいけないとする「同一労働同一賃金」の原則が導入された。他にも，教育への支出では，高校以降の高等教育において，低所得世帯の学費が減免される制度が拡充されるなどしている。

　もっとも次章（**第10章**）で見るように，国であれ自治体であれ，一般に政策は，諸課題に対して合理的に設計されるというよりは，今あるものをベースにインクリメンタルに変更される性質をもつ。政策への反対が弱く，技術的にも容易なものが選ばれる傾向もある。だから，上記のような政策変更の試みも，実際の効果や副作用が検証されなければならない。

　それも踏まえたうえで，もう一度注意を向けておきたいのは，政府セクター

がもつ機能である。第Ⅰ部でも確認したように，政府は，一定の地理的範囲において発生する問題を社会全体のものとして受け止めて，拘束力のある解決を図る役割を与えられている。したがって，同じ社会・経済のトレンドの変容であっても，政府がそれにどのように応答するかによって，「社会的な帰結」は別様なものになりうるのである。

3 自治体政府の取り組み

では，本書がテーマとしている自治体の政府は，経済・社会の変化にどのように対応できるのだろうか。自治体では国の社会保障制度を変更することなどはできないが，逆に自治体政府だからこそできることもあって，地域の現場では多様な取り組みがなされている。次に，その1つをとりあげて，自治体政府のできることについて考えてみよう。

■ 大阪府豊中市「地域就労支援」

雇用の不安定化は，国民健康保険料を滞納する人の増加や，就学援助制度（小中学校の給食費や体操服の購入費などを援助するもの）を利用する家庭の増加などを通しても，顔の見える距離感で自治体政府に伝わってくる。地域の現場では，より安定した仕事を探す人にはそのために，何から手をつけてよいのか途方に暮れる人には問題をときほぐすことろから，労働政策分野で「**アクティベイション**」と呼ばれる取り組みがおこなわれている。豊中市の地域就労支援事業を見てみよう。

豊中市は大阪府の北部にあって，人口は大阪で5番目に多い41万人くらいのまちである。ここの地域就労支援センターに電話予約して相談すると，希望する仕事の内容や，どのようなことがネックになって仕事に就けないのかなどを詳しく聞いてくれる。国の「ハローワーク」が求人データの提供を中心にしているのと比べて，個人をきめ細かくサポートするところに特徴の1つがある。国のハローワークや民間の転職サイトを利用してもうまくいかないのには，人それぞれの事情が考えられる。ひとりで小さな子どもの世話をしながら働くには，柔軟な保育のサービスが必要だ。ブラックな企業で働いて体と心を痛めた

人は，仕事を続ける気力が持てないかもしれない。仕事を失うと同時に社宅に住めなくなった人には，まず履歴書に書くことができる住所，住まいが必要だ，というように。そこで支援センターでは，自治体のなかのさまざまな部署，たとえば保育や介護・生活保護・住宅などの担当部署につないで，働きたくても働けない要因を解決するためのサポートを行う。

　同時に，同じ豊中市が運営する無料職業紹介所と連携して，本人の事情や希望にあわせて求人企業とのマッチングが進められるが，ここでも形式的なマッチングを超えた積極的な取り組みがなされている。地域の豊富な情報をもとにあたりをつけて「このような仕事をしたい人がいますが，御社にニーズはありませんか」と担当者が営業に出かけることもある。さらには，国がソーシャル・ビジネスへの助成金を出すと聞けば，それを使ってたとえばシングルマザーたちでレストランを立ち上げるサポートをして，職場をつくり出すということもある。

　そのような相談者へのきめ細かいサポートと並んで，豊中の就労支援のもう1つの特徴は，受け入れ企業側へのサポートも同時に行っているところだ。求人を出してくれる企業には，その企業が必要としそうな，設備投資などへの国の助成金情報を紹介することもある。あるいは，とある病院の売店の売り上げが伸びないという情報が入ったときには，中小企業診断士の資格を持つスタッフが販売傾向の分析にもとづいて経営改善の提案を行い，その過程で求職の相談者2人（定時制の高校生）が担える仕事（パソコンによる在庫管理システムの構築・バックヤードの在庫管理や品出し）を生み出した，といった具合である。このような地域の企業へのサポートと，就労に困難をかかえる市民へのサポートとをリンクできるのも，地域との距離が近い自治体ならではといえる（櫻井 2012）。

■ 自治体政府の踏ん張り方

　このように自治体は，社会保障制度の大枠を直接に決めることはできないけれども，目の前の住民のために知恵を絞っていて，社会経済トレンドの変化に対して現場の政府だからこその応答をしていることがわかる。この豊中の事例から，自治体政府の踏ん張りどころを，4点考えてみよう。

　1点目は，自治体は現場のニーズから政策を開発できるところだ。豊中の地

域就労支援センター事業は，国から執行を任された政策ではなく大阪府のオリジナルで，これに取り組む府内市町村への補助金を府が予算化してスタートしている。仕事をしたくてもできない各人の不都合を取り除くサポートを積極的に行う，この自治体発のやり方は，大きな成果をあげて，他の自治体や国の政策に伝播している。

　2点目は，使える手段を組み合わせるところだ。豊中市では，この大阪府からの補助事業に加えて，国の補助事業である「パーソナルサポートモデル事業」「地域雇用創造実現事業」などに応募して予算を獲得し，それらをつなぎ合わせて，就労支援の厚みを独自につくっていった。国の補助金には，自治体に競争させて有望な事業プランにだけ出されるものも多いので，ここも自治体職員の腕の見せ所になる。職員は政策分野もまたいで，地域の課題解決に使える国や府県の手段を見極め，組み合わせて政策を「編み出す」のである。

　3点目は，地域で課題解決のネットワークをつくるところだ。豊中市では地域の企業のサポートをしつつそれを就労支援にも活かすことを見たが，他にも専門性をもつ NPO など地域の諸団体がこの事業に関与している（筒井ほか編 2014）。第Ⅰ部でも論じられたように政府が，企業のような市場のアクターと連携することや，NPO や自治会のような市民社会のアクターと連携することは，地域の課題解決能力を高める。この点は，国の政府が現在，自治体に期待しているところでもある。

　4点目は，市民のニーズを国へ媒介するところだ。豊中市では無料の職業紹介事業もセットにして就労支援の成果をあげたことを見たが，この自治体による職業紹介ができるようになったのは，多くの自治体が国に働きかけて，国が法律を改正したからである。つまり，国の制度を変更しないとできないことについては，自治体はそれを国に提案し，国のしくみを変えることもできるのである。

　以上，雇用の不安定化というトレンドに応答する，自治体の取り組みについて見てきた。同じ政府セクターに属しているけれども，国と自治体とでは，それぞれに「できること」の位相が異なる感じは伝わっただろうか。そして，位相は異なるけれども，どちらも同じ政府セクターとして，経済・社会の変化がもたらす帰結を別様なものにできることは，伝わっただろうか。

☑ 調べてみよう・考えてみよう

① 非正規雇用はなぜ増えたのだろう。経済的要因・政治的要因・社会的要因など，多角的に探ってみよう。

② 人の暮らしを支える福祉には，「家族福祉」「地域福祉」「企業福祉」「公的福祉」があると言われる。それぞれの例をたくさん挙げてみよう。

③ 格差社会は，是正すべきだろうか。その理由はどこにあるだろうか。

📖 おすすめ文献

① 酒井正，2020，『日本のセーフティーネット格差──労働市場の変容と社会保険』慶應義塾大学出版会．

　日本の社会保険を中心とするセーフティーネットについて，イチから勉強したい人へ。情報を得られるだけでなく，思考する過程を追体験できる点も〇。

② ガーランド，2021年，『福祉国家──救貧法の時代からポスト工業社会へ』白水社．

　オックスフォード大学出版の「Very Short Introduction」シリーズの1冊。福祉国家がどのように始まり現在に至るのかについて，また，福祉国家への支持と不支持の議論について学ぶことができる。読みやすくて読み応えあり。

③ 駒村康平・田中聡一郎編，2019年，『検証・新しいセーフティーネット──生活困窮者自立支援制度と埼玉県アスポート事業の挑戦』新泉社．

　就労支援・住居支援・子どもの学習支援などを組み合わせて複合的な困難を抱える住民を支える埼玉県の取り組みは，国の政策のモデルにもなった。地域の現場で政策が立ち上がり更新される様子が，リアルにわかる。

【大西弘子】

地方自治のしくみ

　社会問題の解決には，政府だけでなく，多様な主体の力とその協力が求められる，というのが本書の重要なメッセージ。でも，政府にしかできないことや得意なことがあることもまた事実。第Ⅲ部では，そのしくみやはたらきに注目する。

　最初にとりあげるのは，政策形成の担い手としての行政組織（⇒第10章）。政策が行政組織のなかで作られているとすれば，問われるのは選挙で選ばれる首長や議会の存在意義（⇒第11章，第12章）。これらの章では，それぞれの役割と性格の違いを考えることにする。市民もまた重要な存在だ。首長や議会がくみ取れていない声を政治に反映させるには市民自らが行動する必要があるし（⇒第13章），そもそも市民の声に耳を傾ける政治家を選挙で選ぶことが大切だ。しかし，その投票率は必ずしも高くない。なぜなのか，その理由を考えてみたい（⇒第14章）。

　この第Ⅲ部では市民の意思にもとづき政治を行う（これを「住民自治」という）ためのしくみを見ていくのだが，意思の実現のために必要なのがおカネと権限。そのうちおカネについては，国との間で複雑なやり取りが見られる（⇒第15章，第16章）。その様子も含めて，自治体のサイフの中身が決まるしくみを見ていこう。

　一方，権限についての国との関係は，どうだろうか？そもそも地方自治にあっては，国が地方自治体の自律性を認めることが前提とされており（こちらは「団体自治」と呼ばれる），そのうえでより多くの権限を地方自治体に認めることが「分権」であり，地方自治のために望ましいことであると考えられてきたところがある。

　しかし，国・都道府県・市区町村のうちの，どれにどの仕事が相応しいのか，答えを一律に出すのは意外と難しい。本書では，権限の所在そのものよりも，両者（国と地方自治体）が権限の行使にあたって対等に向き合うことが大切だと考えており，そのことが実現されつつあることに注目する（⇒第17章）。

　「答えを一律に出すのは意外と難しい」理由の1つは，地方自治体の多様性だ。基礎自治体（市区町村）には大都市も過疎地もあり，抱える悩みも違う。国は市町村合併を推進したが，自治体はより小さな単位への分権や他自治体との連携などいろんな工夫を試みている（⇒第18章）。これらの動きの背後には「どんなサービスを，どんなスケールで提供したらよいか」という問いかけがあるのだが，それへの答えが多様に存在することを見ていきたい。

第**10**章

決められた政策を「こなす」だけ？
──行政組織からの政策形成──

1 誰が政策を作っている？

■ 政治的代表と政策

　新型コロナウイルス感染症が広がっている時期，報道では知事の姿を目にすることが多かった。知事が「〇〇県独自のモデル」などを発表しているのを見ると，自治体の政策をリードしているのは知事や市町村長（首長と総称される）だと感じた人もいるだろう。自治体の行政を率いている首長の存在感は大きいが，政策づくりについては，もう少し視野を広げて見ておく必要がある。

　1つは議会の存在である。首長と同じく議会も選挙で選ばれた代表であり，住民の声を政策に反映させる役割を持っている。住民の意思に基づき自治体が運営される「住民自治」の原則からすると，首長や議会が政策づくりに関わるのは当然である。議会が条例や予算を可決しゴーサインを出してはじめて，政策は実行されるのである。

■ 行政組織と政策

　もう1つの注目ポイントが行政組織である。「首長が自治体の行政を率いているのだから，行政組織は首長や議会が決めたことを実行しているだけ」というのは少し単純すぎる。政策をつくり，動かすには首長のアイデアだけでは不十分なこともある。ここに行政組織の出番がある。日常的に業務で住民と接点を持ち，多くの業務を担っている行政組織は，地域の課題や住民の声など様々な情報を入手している。これを活用して首長に判断材料を提供したり，行政組織自身が政策づくりを進めたりするのである。

　首長や議会が政策に関わる場合に比べると行政組織の政策づくりはあまり目立たない。首長や議会のように選挙で選ばれた代表ではないのが理由の1つである。また，行政組織の政策づくりは，法制度や既存の事業を部分的に変更する形になることが多いのも理由としてあげられる。後者の「以前に行われてきたものを基準に少し改善を加える」政策づくりは，**インクリメンタリズム（漸増主義）**と呼ばれている。この章では行政組織が政策づくりに深く関わっていることに注目する。

■　政策体系

　実際の政策づくりのプロセスをたどる前に，「**政策**」という言葉を押さえておこう。政策とは，政府が社会的な課題を解決するために，人々の行動や環境が変化するように働きかける対応，方向性のことである。健康増進という課題を例にしよう。この課題の解決には，「禁煙」「食生活の改善」「運動を推進」などさまざまなアプローチがある。さらに，それぞれのアプローチについて実際にどんなことをしたらいいかを考えると，禁煙なら「ポスターで呼びかける」「歩きたばこ禁止区域を設ける」などこれも多様である。この例の場合，「ポスターで呼びかける」などが最も具体的な手段であり，これは「**事業**」と呼ばれている。次に，「禁煙」のようにもう少し大きくまとめたものを「**施策**」と呼んでいる。そして最後に「禁煙」「食生活改善」などさまざまなアプローチの全体をまとめた「健康増進」を「**政策**」と呼ぶ。「政策→施策→事業」とより具体的になるわけである。この3段階全体を**政策体系**というが，ここでは，事業や施策といったより具体的な取り組みは，課題解決の方向性（＝政策）と密接に結びついていると理解してほしい。そして，政策そのものは抽象的な表現になってしまうので，政策づくりとは，実際には施策や事業がどうつくられるかという問題と重なっている（牧瀬 2013）。

　以下では，他の自治体よりも積極的に「若者支援」の政策を推進している豊中市を例に，市役所（＝行政組織）と政策づくりの関わりを見ていこう。

2　豊中市の「若者支援」政策ができるまで

■ 先駆的な豊中市の若者支援

　豊中市は大阪府北部にある自治体である。2021年度，人口は約41万人，常勤の職員数は派遣職員を含め3544人である。豊中市では，市民協働部くらし支援課を担当部署にして，10代から30代の「若者」を対象に若者支援政策を行っている。この政策は，「引きこもり」など生きづらさに直面している若者が自立するのを支援している。

　読者のなかには，「30代まで"若者"？」とか「"支援"が必要？」と感じる人もいるかもしれないが，次のデータを見てほしい。2016年，国は，学校や仕事に行かず，半年以上自宅に閉じこもっている15〜39歳の「引きこもり」と，将来そうなる可能性がある人が，全国で推計54万1000人いるという調査結果を発表した（内閣府政策統括官 2016）。その後においても，多くの人が引きこもりの状態にあること，引きこもる期間の長期化が指摘されている（内閣府 2019）。この人たちは，個人の選択というより，社会全体の厳しさの影響を受けてそうならざるをえなかったのだと考えられている。バブル経済が崩壊して長期間の不況に見舞われた日本では，親世代が仕事を失う，あるいは不安定なかたちで働く人が多くなり，貧困状態にある家庭も増えている。また，若者を社会人として育てる企業が，厳しい競争のなかで経費削減のために正社員を採用しなくなっている。将来に強い不安を感じながら自分だけではどうにもできない状況のなかで，社会生活を営むことが困難な若者が生み出されている（豊中市 2016）。こうした若者を支えることを目的に，国は2009年に「子ども・若者育成支援推進法」（以下，子若法）を制定した。この法律にもとづき，自治体にも子ども・若者の支援が求められている。

　豊中市では，2014年から「若者支援相談窓口」を設け，若者やその家族から相談を受け付け，支援機関の紹介や必要な情報を提供している。窓口には，不登校や引きこもりの悩み，働きたいけど経験がなく就職活動が難しい，人間関係が苦手で働けないなどさまざまな相談が寄せられている。また，豊中市は，若者支援を総合的に行う環境を整備するため，子若法にもとづく「豊中市子ど

も・若者支援協議会」を2015年に設置し，市役所の関係部署と若者支援に関わる民間団体などが協議している。同様の協議会を設けている市町村は2022年1月1日現在78，大阪府内では豊中市以外に3市だけである（内閣府ウェブサイト参照）。豊中市は若者支援に積極的だといえる。

　法律ができたのに，豊中市のような自治体があまり出てこないのには理由がある。子若法は，若者支援のための事業を"新しくつくる"のではなく，子どもの学習支援や，若者を使い捨てるブラック企業への対策など，すでに行われてきた子ども・若者への施策を，「子ども・若者育成支援」の視点でとらえ直し，総合的に実施することを推進する法律である。進め方は自治体に任されているため，自治体ごとの差が出やすくなっているのである。

■ いろいろな制度を組み合わせて若者を支える

　では，どのように「総合的」に支援が行われているのだろうか。若者支援相談窓口に相談が持ち込まれる場合，複数の悩みがからまり合っていることが多い。例えば，「一度就職したけど職場のいじめで仕事を辞めて失業中。心身のバランスを崩し，就職活動をしたいけど対人関係が怖くてなかなか踏み出せない。一人暮らしをしているが，家賃が払えなくなりそう」といったものである。この例のようにいくつも問題が重なると，就職先を紹介するだけでは問題の根本的解決は難しい。実際には，まず家の問題を解決して生活の場を確保し，対人関係の問題は専門家が診断して対応策を出す。そうして本人の条件を整えつつ，時期を見て就職の対策をとる形で支援が進められる。からまった問題を解きほぐし，徐々にステップアップできるように多様な支援が行われている。

　市が行っている支援にはいろいろな制度が使われている。"入り口"の相談窓口は市が設置したものであるが，具体的な支援については国の制度も使われている。例えば，国の**生活困窮者自立支援制度**を活用して住宅確保のための給付金を出したり，就職活動支援は，国の事業である「地域若者サポートステーション」を利用したりしている。

　支援にあたっては民間団体とも協力している。豊中市は，教育，医療，福祉，心理などの専門スタッフを抱えた民間団体の「キャリアブリッジ」と契約

し，若者支援相談窓口での相談受付とその人に合わせた支援のメニューづくり
を任せている。専門性を持つ民間団体との連携が，柔軟な対応を可能にしてい
る。

■ 課題設定──自治体が取り組むテーマとしてとりあげる──

　こうした豊中市の若者支援政策はどのようにつくられたのだろう。政策は，
図10-1のように，その誕生から消滅までを１つのサイクルとしてとらえるこ
とができる（このサイクルを**政策過程**という）。まず，「自治体がある問題を政策
のテーマにする段階」，そして「政策の中身をつくる段階」の２つに市役所（行
政組織）が関わっていることを示しておこう。

　最初は「自治体がある問題を政策のテーマにする段階」である。これは，政
策過程のなかでは**課題設定**と呼ばれている。世の中には解決すべき課題は多い
が，現実には人手もお金も限られている。どれをとりあげるかが問題になる。

　豊中市の場合，若者支援が対応すべきテーマとなったのにはいくつかのきっ
かけがある。１つは，国の法律制定である。2009年に子若法が制定され，自治
体に若者支援が求められるようになったことの影響は大きい。

　もう１つは，以前から市が実施してきた政策である。豊中市では，2003年か
ら地域就労支援事業，2006年から無料職業紹介を始めた（第９章）。これらを行
うなかで，引きこもり経験を持つ若者の存在，そして，そうした若者が仕事の
紹介だけでなく，人間関係を育む経験など幅広い支援を必要としていることが
わかってきた（豊中市 2008）。また，地域福祉を推進する社会福祉協議会は，
2004年から地域社会のセーフティネットづくりを支援する専門職を配置した
が，ここからも引きこもりの問題が指摘されていた。市役所の事業や地域で活
動する組織とのネットワークからの情報で，市役所は地域の課題をキャッチし
ていた。若者支援が必要だという認識が，市役所内部で共有されるようにな
り，それが政策づくりの出発点となった。

■ 政策作成──政策の中身づくりと利害関係者との調整──

　次が，「政策の中身をつくる段階」つまり**政策作成**である。課題を具体的に
どう解決するのかを詰めていく段階である。

　若者支援については，子若法では示されていない部分をどう具体化するかである。豊中市の場合，カギとなったのは生活困窮者自立支援制度である。国は，2008年のリーマン・ショックをきっかけに，失業などで経済的に困っているのに雇用保険や生活保護など既存の福祉制度では十分対応できず，最低限度の生活を維持できなくなる可能性がある人（生活困窮者）の自立を支援する新たなしくみを検討していた。豊中市でも，社会福祉協議会などが地域の高齢者，障がい者，若者などの生活支援に以前から関心を寄せ，国の動向に注目していた。2011年，国が始めたモデル事業（期間限定で実験的に事業を行い，成果を国の制度づくりに生かすための事業）に豊中市は名乗りをあげ，若者も含めて広く相談を受けるサポートセンター（「くらし再建パーソナルサポートセンター」）を設けた。こうして，生活困窮者支援の制度と若者支援が一体となるかたちで，支援方法が開拓されていった。

　並行して関係者との調整も進められた。第1は，市役所内部での調整である。2010年，市役所は，若者に関する2つの市役所内の会議を合同開催にし，そこで引きこもりの人の実態と市の事業を調査した。その結果，引きこもりの若者を対象にした事業が1つしかないこと，そして，救急搬送や税金などの滞納に関連して引きこもりの若者の情報が入ってくるが，部署間での情報共有や支援に結びついていないことがわかった。市役所では①若者支援のターゲットを15歳以上と想定，②市役所窓口の連携，警察など外部機関との連携を進める，③市民に引きこもりの若者支援の必要性を知らせるという3つの方向を打ち出した。こうして，行政組織全体で支援を進める基盤がつくられた。

　第2は地域への働きかけである。これには2つ理由がある。1つは，若者支援では地域との協力関係が必要だからである。引きこもりの当事者や家族の存在は，市役所だけでは十分把握できない。また，支援が必要な人は対人関係に問題を抱える場合が多く，安心できる居場所や人と接する機会が欠かせない。これも市役所だけでは無理で，キャリアブリッジのような民間団体や，地域住民との協力が必要である。もう1つの理由は，住民からの支持や理解を得るためである。引きこもりの若者は地域から見えにくく，彼らのしんどさも「自己責任」と見なされがちである。住民の理解がないと，協力してもらえないどころか，支援を受ける人への偏見を増すことになりかねない。市役所は，2011年

図10-1　政策過程

課題設定	社会に発生しているさまざまな問題のうち，政府が対処すべき課題を決定
政策作成	設定された課題について政府の対応策を具体化
政策決定	政策選択肢から一組の政策を選択
政策実施	採用された政策の実施
政策評価	実施された政策が所期の政策目標を実現したかどうか，また，どの程度実現したかを評価

出所：筆者作成。

から2014年の間，研修会やリーフレットの作成・配布などを行い，子ども・若者問題について地域に発信した。

　こうして，効果が出るように内容を組み立て，**ステークホルダー**（利害関係者）と調整を行うことで，政策は具体的なかたちを持つ。その後，事業に必要な経費が予算案に盛り込まれ，議会での決定を経て実施される。

　課題設定，政策形成のプロセスからは，豊中市役所は若者支援の問題について，住民からの声，施策・事業の実施状況など現場の情報から課題を吸い上げ，政策づくりにつなげていたことがわかるだろう。

■ 政策実施の担い手と政策づくり

　ここで改めてキャリアブリッジに注目しておこう。豊中市ではキャリアブリッジを，市役所，社会福祉協議会とともに，若者支援のコアネットワークの一員と位置づけている（豊中市 2020）。キャリアブリッジは，以前から大阪で職業教育の企画・開発，ニート・ひきこもり状態にある若者の自立・就職支援事業に取り組んでいた人たちが立ち上げた団体であり，どのように若者支援を進めるかについての専門的知識を蓄積している。さらに，キャリアブリッジは「くらし再建パーソナルサポートセンター」での相談業務と，地域若者サポー

トステーションを運営し，若者支援に関連する領域を広くカバーする取り組み
を行っている。こうした支援の現場を担う団体が地域にあることで，豊中市で
はスムーズに若者支援を実施することが可能となっている。キャリアブリッジ
は「豊中市子ども・若者支援協議会」のメンバーでもあり，総合的な若者支援
の環境づくりにも貢献している。地域で課題に取り組む担い手が，政策実施や
現場からのフィードバックを通じて政策づくりをバックアップしているわけで
ある。若者支援を進めている他の自治体ではどうだろうか。確認してみてほし
い。

3　行政組織による政策づくりの可能性

■ 国を利用し，リードする自治体

　この章では，豊中市の若者支援政策のケースを取り上げ，自治体の行政組織
が政策づくりにどう関わっているかを示してきた。正直なところ，自治体の行
政組織が全て豊中市のように積極的な政策づくりを進めているわけではない。
だが，行政組織発の政策づくりからは，いくつかの可能性が見えてくる。章の
締めくくりとして2つの点を指摘しておこう。

　1つは，自治体が国の政策をリードする可能性である。日本では，環境規制
や情報公開制度，景観保護など，最初は自治体が独自に政策化し，手法が自治
体間で共有，改良された後で国が法律をつくった領域がいくつもある。自治体
の行政組織が先導して国の公共政策の範囲や水準を向上させているのである。

　国の新しい制度整備のタイミングをねらって自治体が国を動かす場合もあ
る。行政組織の仕事の多くは法律を根拠とし，国からの財源も使っているの
で，国に首根っこを押さえられているように見える。だが，国は人々と直接接
点を持つことは少ない。自治体側はこれをうまく使って国の政策の立ち上げに
関わることができるわけである。また，自治体は法律や制度の解釈，補助金申
請の手続きなどの機会を利用し，国の姿勢を読み，実現したい施策・事業を軌
道に乗せようとしている。

　国に新しい政策をつくらせたり，既存の政策を自治体に使いやすくなるよう
働きかけたりする動きは，国から自治体に権限を渡す「分権」ではないが，個

別の政策における自治体の自由度を高めようとする取り組みだといえよう。

■「協働」をベースにした政策過程

　もう１つの可能性は，「協働」をベースにした政策過程が広がる可能性である。キャリアブリッジの例に見るように，協働は事業をうまく進めるための協力関係（事業実施レベルでの協働）にとどまらず，政策形成にも影響を与えている。第１章でみたように，政府セクターは公平，画一的なサービスの提供は得意だが，個々の住民の状況に応じた対応は必ずしも得意ではない。その一方で，災害時の住民への支援や，社会的排除の状態にある人びとへの支援など，１人ひとりに合わせたきめ細かな対応が求められる課題はむしろ広がっている。今後の社会では，こうした課題に対して，セクターをこえた協働で対応することへの期待が高まっており，政策のバージョンアップが求められる。豊中市の若者支援のように，多くの関係者がいっしょになって政策づくりを進めるケースは，今後広がっていくのではないだろうか。

　自治体の行政組織は政策を実施する現場に近く，情報の面で強みがある。そして，豊中市役所が地域に若者支援への理解を求めたように，市役所は，住民や地域の要望にこたえるだけでなく，場合によっては住民や地域への働きかけや説得を行い，関係者を積極的に巻き込もうとしている。行政組織は，「協働」をベースにした政策過程の推進力となる可能性を持っている。

　自治体の行政組織は決まったことを淡々と実行に移していくというイメージを持つ読者もいるかもしれない。しかし，これまで見てきたように，行政組織は単に受け身で動いているわけではない。住民と自治体の政策をつなぐ入口としての役割も果たしているといえるだろう。

☑ 調べてみよう・考えてみよう
　① 地元の自治体（市町村）にはどんな部署があるだろうか。web ページから行政の部署全体を一覧にした「行政組織図」，「行政機構図」などを探して調べてみよう。
　② 自治体の中には，市職員が市の事業や制度について住民に説明する「出前講座」を行っているところがある。地元自治体や豊中市の「出前講座」について調べてみよう。
　③ 政策づくりにおいて，行政組織ならではの強みは何かを考えてみよう。

📖 おすすめ文献

① 宮本憲一，2008，『公共政策のすすめ』有斐閣.

　　この本では，基本的人権を守ることが公共政策にとって重要だという視角から，公共的問題に対処する公共政策を検討している．わたしたちにとって，どんな地域，どんな暮らしが望ましいのかをイメージする力を養う出発点となる本である．少し古い本だが，図書館で探してみてほしい．

② 筋原章博，2017，『異和共生のまちづくり　暮らしても，遊んでも，働いても面白いまちへ再変革』セルバ出版.

　　著者は行政職員出身で2017年まで大阪市大正区で区長を務めた人物．人口減少や高齢化などまちの衰退に歯止めをかけるため，ユニークな取り組みを行った．著者は「行政は民間と同化してはいけない」と主張する．「行政だからできること」とは何か．本書から探ってみてほしい．

③ 宮本みち子・佐藤洋作・宮本太郎編，2021『アンダークラス化する若者たち　生活保障をどう立て直すか』明石書店.

　　若者問題を考える一冊．若者がさまざまなリスクを抱え，キャリア形成の困難に直面している状況をとらえ，どのような支援の可能性があるかを，日本の事例も取り上げながら議論している．

【栗本裕見】

第11章

政治家なんて誰がやっても同じ？
──首長のリーダーシップ──

1 地方自治体のなかの首長

■ ハンコを押すだけ !?

前章では，地域の課題を解決するために活躍している存在の１つとして，行政職員たちとその組織にスポットライトを当てた。その行政組織の頂点に立つのが行政首長（この本のなかでは基本，都道府県知事，市区町村長のことと考えてもらって OK）。職員たちが政策形成の最前線に位置しているのだとすれば，首長の役割や責任とは何なのだろうか。一部には「官僚機構（行政職員たち）がしっかりしていれば政治家なんて誰がやっても同じ」という評価もないではない。そこには「公権力を実際に行使しているのは職員たちであって政治家ではない」という含みがあるのだけれど，ほんとうなのだろうか。また，それでいいのだろうか。この章では首長に焦点を当てるかたちで，これらの問いに答えていくことにしたい。

地方自治体のなかの首長とは，選挙で選出されて自治体行政の頂点に立ち，同じく選挙で選ばれる議会とは互いに対抗する存在として位置づけられる（議会，および両者が対抗する「二元代表制」と呼ばれるしくみについては次の**第12章**を参照してもらいたい）。自治体のなかの首長の存在感は小さくない。自治体を「統括し」「代表する」存在であり，政治を主導するための幅広い権限を地方自治法によって認められている（表11-1）。

この第149条の条文のうち特に注目してもらいたいのは最初の２つで，要は条例案と予算案を作成のうえ首長は議会に提案できるということ（条例案は議会も作成できるけれども，予算案を作成できるのは首長だけ）。予算と条例といえ

表11-1　首長の権限（地方自治法第149条）

第百四十九条　普通地方公共団体の長は，概ね左に掲げる事務を担任する。
一　普通地方公共団体の議会の議決を経べき事件につきその議案を提出すること。
二　予算を調製し，及びこれを執行すること。
三　地方税を賦課徴収し，分担金，使用料，加入金又は手数料を徴収し，及び過料を科すること。
四　決算を普通地方公共団体の議会の認定に付すること。
五　会計を監督すること。
六　財産を取得し，管理し，及び処分すること。
七　公の施設を設置し，管理し，及び廃止すること。
八　証書及び公文書類を保管すること。
九　前各号に定めるものを除く外，当該普通地方公共団体の事務を執行すること。

ば，行政の活動を方向づける決定的な手段なのだけれども，首長はその両方を原案作成の段階から主導することができる。行政と議会が対抗するタイプの政治制度はアメリカの大統領制度が典型例とされることが通例だが，その本場アメリカの大統領ですら法律案，予算案を自らは提案できない。自治体のなかの首長は，見ようによってはアメリカ大統領をも上回る権限の持ち主なのである。

　また，首長は「自治体の事務を管理し及びこれを執行する」（第148条）責任を負い，職員たちを統率する存在である。前章で見たように職員たちが「政策を決めている」背景には，上記のような首長の権限がある。つまり，その権限を持つ首長の決裁を受けるかたちで，職員たちが政策を形成している，というわけなのだが，繰り返すならば，では職員たちが決めたものに「ハンコを押す」だけが首長の仕事なのだろうか。

　結論からいえば，行政の仕事のなかには職員だけでは手を付けにくいタイプの業務，首長のリーダーシップなくしては着手が困難なタイプの政策があるのではないか，というのが筆者の理解。その見立てが正しいかぎりでは，首長はただの「決済担当」ではないはずであるし，また首長がそのような役割と責任を果たしているところとそうでないところの差は大きいとも考えられる。職員が苦手とする業務や首長のリーダーシップが求められる政策とは一体どのようなものなのか，次節以下で見ていくことにしよう。

2　リーダーシップを発揮する存在としての首長

■「インクリメンタリズム」の強みと弱み

　首長が従える行政組織の特徴は，ピラミッド型に編成され，規則にもとづき仕事を行うこと。この組織には環境の変化に左右されることなく継続的・安定的に仕事を行えるという強みを持つのだが，悩みの種もまたここに生まれる。時代の変化とともに行政の仕事の中身も変わっておかしくないのであるが，そこで必要な見直しが遅れがちになるところに役所の弱みが認められる。

　民間の組織であれば，ムダなものは経営の妨げとなるため，これを取り除こうとする圧力が常にかかる（かからない組織はやがてつぶれる）。しかし，そのようなコスト削減圧力は行政組織にあって自然と働くものではない。見直しを図るために強くこれを働きかけるものが求められるのであり，首長こそはそこで指導力（リーダーシップ）を発揮することが期待されている存在なのである。

　そのような役回りを期待される首長が，リーダーシップを発揮して組織に望ましい変化をもたらした例を，以下ではとりあげていきたい。対象となるのは，かつて千葉県我孫子市で市長を務めていた福嶋浩彦（正確には福嶋元市長と表記すべきであるが，ここでは在任中の役職名のままに福嶋市長と記すことにする）。市長のリーダーシップなくして実現は難しかったであろう，その業績にスポットライトを当てることにする（福嶋 2014）。

　氏の業績をとりあげる前に，前提としてもう１つ，行政の特徴について確認しておこう。行政の仕事にどのくらい現状維持のバイアスがかかりやすいか，政策立案や予算編成についてこれを説明する「インクリメンタリズム」と呼ばれる理論から説明しよう。たとえば予算編成については，毎年ゼロから予算の組み立てを行うこと（前年度の実績をいったんご破算にするので「ゼロベース」と呼ばれる）が理想とされがちだ。しかしこの理論は，予算編成を担当する職員は前年度の実績を——重点的に検討する一部の点を除き——基本的に踏襲するのであって，実際にはご破算にはしていないことを指摘し，またそれでいいのだと説く。

　たしかに，このやり方は大ケガを避けることができる，という意味で合理的

なものである。それというのも，次の年にどの項目にどのくらい予算が必要なのか，実際には予想しきれるものではない一方，過去の実績はその点で有力な手がかりとなるからである。

とはいえ，問題がないわけではない。前年に執行されたというだけで，それがすべて必要度の高いものである保証はないからである。その意味では，ムダなものも含めて前年度の実績がほぼ温存される構造になっているため，現実的ではあるものの，適正な予算の配分やメリハリの利いた予算を実現するかといえば，必ずしもそうではない。予算に関していえば，ここに切り込まないかぎり根本的な見直しは難しい，といっていいだろう。

■ 補助金をリセット

福嶋市長がメスを入れたのは，その市予算のうち，**補助金**であった。補助金とは，行政が特定の政策を推進，奨励する立場から各種の団体などに交付するお金のこと。この節の文脈から懸念されるのは，補助金が交付され始めた段階ではそれなりの必要性が認められたものの，環境の変化などにより必要性が低くなったものが，惰性で継続してしまうことだ。

この問題が手強いのは，惰性を脱しようとするだけでもたいへんなところに，受け取る側の団体などがその補助金を「既得権」のように考えて，減額や廃止に対して抵抗する可能性が小さくない，ということがある。声にこそ出せないものの，面倒なことを起こすくらいなら「去年までと同じでいいではないか」というホンネも聞こえてきそうだ。しばしば採用されてきたのは，「みんな同じ割合で削減するので，我慢してください」という手法（「マイナス・シーリング」と呼ばれる，一律に予算を減額する手法）なのだが，これだと必要度の高い事業までもが同じ割合で削減されてしまう。

福嶋市長はここにチャレンジした。具体的には，在任中の1999年に「今までの補助金は全部廃止です」という措置をとったのである。補助金制度そのものを廃止したのではなく，既存の補助金をいったん打ち切ったうえで，翌年からあらためて補助金を希望する団体を募ることにしたのであった。制度改正後の初年度は111件の応募があったが，そのうちの27件が不採択となった，とのこと。福嶋市長はこの過程を通じて，必要性が低くなったものについては整理が

できたと振り返っている。

　応募された申請を審査するのは，新設された検討委員会。市長が任命した有識者など５名からなり（申請団体の関係者などが加わるおそれがあることから，一般公募は行われなかった），審査結果を受けて，最後は市長自らの責任で交付の採否を決定している。審査結果は公表され，納得できない団体などには意見陳述が行える公開のヒアリングが舞台として用意され，その結果採択に切り替わった例もあるという。我孫子市では，既得権化を防ぐため補助金の交付は最長でも３年とされていて，翌年には白紙の状態に戻ることになっている。

　市長によれば，このやり方で大切なことは，審査結果やそれを受けてのヒアリングなどの過程をオープンにすること，そして最終的な判断は（検討委員会に責任を負わせるのではなく）市長の責任のもとに行われることであるという。我孫子市では，継続的に行われがちな補助金の交付が市長のリーダーシップのもと，必要度に応じたかたちで決めるための措置がとられた。みなさんのまちではどうだろうか？

3　責任をとる存在としての首長

■ リスクを引き受ける

　首長のリーダーシップを考える題材として，もう１つ福嶋市長の業績をとりあげよう。よくいわれるように行政組織には「事なかれ主義」に陥る傾向があるのだが，その原因の１つにあるのが，職員が覚える「（何かを変えたことが）裏目に出たときに責任を問われてしまうのではないか」という懸念。その結果，思い切った政策の導入や転換は見送られがちだ。しかし，裏を返せば，首長のリーダーシップのもとであれば，それは可能かもしれない，ということ。我孫子市では，市長のリーダーシップのもと，ある市民債が異例のかたちで発行された。

　市民債の名前は「オオバン市民債」（「オオバン」は我孫子市の市鳥の名前）。市民債というのは，市が資金を調達するために，市民などに購入してもらうため発行する債券のこと。我孫子市の市民債は，国の債券（国債）よりも金利が低く設定されるなかで売り出されることになった，という点で「異例」なもので

あった。通常，金融商品を買おうとする人が基準にするのは利回りと信用。一般には国債の信用のほうが高いため，市民債はそれより利子を高くするのが通例だ。その市民債の金利が低く設定されれば，国債と比べてどちらが商品として魅力的なのか，読者にも想像がつくだろう。信用だけでなく金利も高い国債のほうが選ばれることが予想されるところであり，低い金利の設定は，市民債を発行しても思うように買い手がつかず，必要な資金が集まらないのではないかという不安と裏腹のものだった。

　なぜ金利は低く設定されたのか，そもそもこの市民債はどのような事業資金のために発行されることになったのか，その背景を見ていこう。我孫子市にあっては，この地域の古来よりの自然を残した三日月湖（古利根沼）の環境を，開発からいかに守り保存するかが1つの課題となっていた。保全を唱える市民活動が行われる一方，当該の土地そのものは開発業者が所有していたことが問題の解決を不確かなものにしていた。

　その土地を市が買い取ることが可能となった際，検討されたのがその購入資金調達の一環としての市民債の発行であった。ただ，起債にあたっては当然諸手続きにかかる経費が発生する。その経費に加えて，（国債を上回る）高い金利を設定すれば，計算上は金融機関から借り入れしたほうが資金調達という点では有利なことがわかった。したがって，金融機関から借り入れるか，それとも低い金利で市民から資金を募るか，その二者択一のなかで，福嶋市長が選択したのが後者の市民債の発行であったという次第。市民債には市民による環境保全や市政参加という意義が認められる一方，低い金利設定から資金調達が滞るという懸念は当然にあったであろう。

　結果はどうであったか。発行額（3億円）を大きく上回る10億円あまりの申し込みがあり，抽選が行われるほどの人気ぶりであった。国債をはじめ金利が有利な金融商品が他にあるにもかかわらず，それだけの数の市民からの応募があったことについては，古利根沼への市民の愛着や事業目的が明確であったことなどが理由に挙げられている。

■ 情熱，判断力，責任感

　こうして「オオバン市民債」の一件は，市民が拠出した資金によって地域の

シンボルが守られるという結末を迎えることができた。この事例をここでとりあげた理由がわかってもらえたであろうか。単に必要な資金を調達するのであれば，金融機関からの借り入れのほうがリスクの少ないやり方であった。市民参加に意義を見出せばこその市長の選択であったが，しかし，もし失敗していれば，議会やマスメディアなどからの批判は免れなかったであろう。失敗と批判をおそれることなくそのような選択が誰にでもできるのかといえば，首長であればこそできたのであって，同じような決断を首長と同様に行政職員に求めるのは筋が違うのではないかと筆者は考えるが，どうだろうか。政治家である首長に相応しい，また首長だからできる政策選択というものがあるように思われるのである。

　以上，首長のリーダーシップが求められる場面として，「必要な見直しを強く主導する」こと，「リスクをとる」ことを例として見てきたが，首長の責任とは何であるのか，ここで筆者なりにまとめてみたい。首長の責任とは地方自治体がめざすべき方向性を大きく（総合的に，かつ中長期的に）示すことであり，必要な場面ではそれに依拠しつつ政策選択などの決断を下し，また調整に采配を振るうことではないかと筆者は考えている。

　政策が現場に近いところにある職員セクションが中心となって開発されていることは，前章で見たとおり。しかし行政組織のなかでは，放っておけばセクション間の連絡調整を欠いた結果，政策の効果が十分には発揮されないということが珍しくない（前章で見た豊中市の事例が注目されるのは，裏を返せば，調整のうえ総合的な取り組みがなされている例がそれだけ少ない証しであると見ることも出来るであろう）。これをどう克服するか，ということを考えたとき注目されるのは，より高次の目的を追求する見地からの，リーダーによる調整（総合調整）であると思われるのである。

　リーダーによる総合調整の必要性をもう少し掘り下げておこう。**第一次地方分権改革**が行われた際，地方分権が求められる理由の1つとされたのは，国の監督のもと実施されていた各種のサービスに「**タテ割り行政**」の弊害が指摘されていた一方，地方自治体に権限が委譲されれば総合調整が期待できる，といわれていたからであった（これを「**総合行政**」という）。だが，地方分権が実現することと総合調整が行われることはイコールではない。総合行政の実現のため

には，調整権限を行使してこれを主導する首長のリーダーシップの果たす役割
は小さくない。その結果，摩擦の発生をおそれることなくその職責を果たそう
とする首長とそうではない首長の差も同様に小さくはないだろう。政治家に必
要なものは情熱と判断力，そして責任感——こう論じたのは社会学の巨人，
マックス・ウェーバーだが，「首長は誰がやっても同じ」では決してないので
ある。

4　リーダーとの向き合い方

　首長ならではの役割を自覚し，必要なリーダーシップを発揮できる首長がい
る，ということは地域にとって1つの財産なのだと思う。ただし，そこから誤
解してもらいたくないとても重要な点があるので，最後にそのことにクギを刺
してこの章を閉じることにする。首長のリーダーシップにもっぱら期待するだ
けの姿勢は間違っているし，とても危険だ。

　なぜ危険なのか？　リーダーシップを重視する姿勢は，そのままリーダーの
権限強化を支持する姿勢に転化しやすい，というのがその理由。では，権限強
化の何が問題なのだろうか。優秀なリーダーに幅広いかつ強力な権限を認めれ
ば，大胆かつ迅速な問題解決が期待できるかもしれない。これを望んで何が悪
いのだろうか。

　この点については，首長経験者の片山善博(元鳥取県知事)がこう述べている。

　　民主主義の仕組みというのは，いいことであっても悪いことであっても，あまり急
　激に変化させられないようにしてあるんです。もっと言えば，いいことがさっさとで
　きるような仕組みのなかでは，悪いことだって，さっさとできるようになってしまう
　ということなんですね。この人間の経験から生まれた奥深い権力分立論を理解してお
　かなければならないと思います。(片山・増田 2010)

　民主政治は実のところ，非効率だ。しかし，先人たちが効率的な独裁よりも
非効率な民主政治を後世に残そうとしてきたことには理由がある。人類の歴史
が教えるところは，集中した権力の危険性。これが誤った方向や望まない方向
で暴走を始めたとき，集中した権力はその強力さゆえに気づいたときには誰も
これを止めることができなくなっている。そういう事態を招くことは絶対に防

がなくてはならない。

　求められるのは，首長が必要なリーダーシップを発揮することを期待してこれに相応しい人を選ぶ一方，しかしこれが暴走する危険性を常に忘れないこと。暴走に歯止めをかける手段を大切に守ること。後続の２つの章はそういう問題意識とともに読んでもらいたいと思う。

☑ 調べてみよう・考えてみよう

① 地元の知事や市長のこと（前職は何か，何期目か，など）を調べてみよう。
② 一般的傾向として，どのような人が首長になっているか，調べてみよう。またその理由は何か考えてみよう。
③ 首長に「多選制限」（同じ人が繰り返し選出されることに制限を加えること。例えば，アメリカの大統領は２期８年までしか務めることができない）を設けようという議論がある。賛成派と反対派に分かれてディベートをしてみよう。

📖 おすすめ文献

① 福嶋浩彦，2014，『市民自治──みんなの意思で行政を動かし自らの手で地域を作る』ディスカヴァー・トゥエンティワン.
　　本章で取り上げた福嶋元我孫子市長の著作。首長論にとどまることなく，地方自治についてさまざまな示唆を与えてくれる一冊。
② 熊谷俊人，2012，『公務員ってなんだ？──最年少市長が見た地方行政の真実』ワニブックス.
　　タイトルどおり，地方公務員の実態やこれをどう改革するか，ということをテーマにした本ではあるけれども，現職の市長が語る首長論にもなっている。
③ 平井一臣，2011，『首長の暴走──あくね問題の政治学』法律文化社.
　　権力者が暴走を始めることがどれだけ危険か，鹿児島県のあるまちで起きた一連の出来事を描いた，反面教師にすべきレポート。そこでは何が起きていたのか，そのような首長が選挙で選ばれていた事実とともにぜひ学んでほしい。

【上田道明】

第12章

議会って，ほんとうに要るんですかね？
──議会の役割を考える──

1 地方議会の存在意義

■「イメージは？」「ない！」

　「地方議会ってどんなイメージ？」と尋ねられたら，どう答えるだろうか。一番多そうなのは「分からない」，「ない！」。次に，報道からときおり伝わってくる「仕事中に居眠りしている」，「税金（政務活動費）を不正に使っている」あたりが続いて，その延長線に「大した仕事もしていないのに，高い給料をもらっている」というのもありそう。評判の多くがそういうありさまなので，定数削減や報酬の減額は言うに及ばず，議会には廃止論さえ唱えられている。議会はほんとうに要るのだろうか，という問題をこの章では考えてみたい。まずは議会の存在意義が問われた出来事から考えてみよう。

　全国の自治体のなかで，唯一，財政の自由（自治）を制約されているまちがある。2007年に財政破たんして財政再建中の北海道夕張市だ（「財政再生団体」と呼ばれる存在）。年間予算およそ45億円の自治体がそれをはるかに上回る借金（約350億円）を抱えていることが発覚したためで，その返済のために厳しい財政運営を強いられている。そのツケが回るのは夕張市民。公共料金などの負担は重くなる一方，サービスは切り下げられていて，その様子は「負担は全国最高，サービスは全国最低」などといわれている。

　借金の直接的な原因ははっきりしている。市長以下市役所の上層部が不正な会計処理をして赤字を隠し，それが繰り返されるなかで膨大な金額に積み重なったという次第。発覚後，当の市役所に冷ややかな目が向けられたのは当然として，同じようにその責任を問われた存在があった。夕張市議会である。

　なぜだろうか。巨額の債務の存在が発覚したのち，一部の議員からは，負債の存在には気づいていた，という趣旨の発言がなされている。つまり，市行政による不正を知り，それを追求できる立場にありながら，放置していたことへの批判が寄せられているのである。

　逆説的なかたちながら，ここに議会の重要性が認められないだろうか。首長のリーダーシップの重要性は前章で見たとおりだが，それは悪い目的のためにも行使されるものだ。参考までに，赤字隠しの責任を負うべき当時の夕張市長（故人）は，地域振興策を成功させたとして国から表彰されたこともある，「有能」あるいは「やり手」などと評価されていた人物であった。

　「第2の夕張」を防ぐためには，行政の内部で自浄作用が働くようにすることも大切だけれども，外部から厳しく監視することが必須ではないだろうか。その重要な任務を担う機関として設けられているのが，実は議会なのだ。

2　二元代表制のなかの議会

■ 国政とは違う地方政治のしくみ

　ここで議会も含めて，地方自治の政治制度について見ておこう（図12-1）。首長と議会が，それぞれ住民から選出されるところが国政とは大きく異なる点で，2種類の政治的代表を置くところから「二元代表制」と呼ばれる。

　なぜ2種類なのか。権力の集中を避けるために，2つの政治的代表に互いに牽制させ合うことをねらいとしているからである。このしくみにあっては，国政のように国会内に〈与党－野党〉関係が生じることを前提とせず，議会がまるごと「野党」＝首長を監視する存在になることが求められる。

　首長をチェックするために議会に認められている権限は地方自治法第96条に15項目が規定されており，モノをいうのは何といっても各種の議決権だろう。条例や予算はもちろん，一定額を上回る高額な工事の契約など議会の議決を必要とするものは少なくない。この第96条の規定は「制限列挙」といって，ここに書かれていないことは議会の権限ではないとされるけれども，同条の2項にもとづき，条例により議決事件（議会による議決の対象のこと）を追加することは可能。近年では**総合計画**（まちづくりのための，総合的で最上位の計画）が追加

図12-1　二元代表制のしくみ

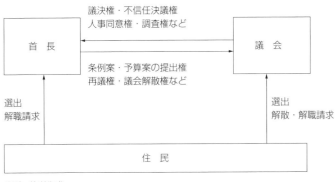

出所：筆者作成。

されるなど，この条項が活用される傾向にある。

3　国レベルとは違う地方議会の役割

■ 議会に期待されている役割

　以上，行政を監視することの大切さ，そして議会がその役割を担っていることをまずは理解してもらえただろうか。もっとも，議会の役割は行政の監視だけではない。他にも社会を代表する役割，議論を行う役割，政策を提案する役割があり，いずれも大切なものばかり。

　「社会を代表する役割」から説明すると，地方議会は多くの場合，2ケタの人数から構成されている（意思決定を合議で行うことから**合議制**機関と呼ばれる）。対照的に，行政のリーダーである首長は一人で地方自治体をまるまる代表している（独任の長が単独で意思決定を行うことから**独任制**機関と呼ばれる）。そのため，首長が直接聞き取ることのできる意見には限りがある。他方，現実の社会は地域や職業，利害関心などから，実にたくさんのグループに分かれている。それぞれの立場から出される多様な意見をすくい上げるうえでは，多数のメンバーを擁する議会のほうが首長よりも有利なはず。民主政治にとって議会が大切な機関である理由の1つはこれだ。

　次に「議論を行う役割」。このように社会のなかにはさまざまな意見がある

のだが，それを1つの立場にまとめることが必要とされたとき，議会には，市民から見えるように結論を出すための議論を行う，という使命がある。なぜその政策が採用されるのか（採用されないのか），人々は議員間の議論を通じて，その理由に接することができる。これもまた，単独で決定を行う首長とは異なる議会の強みであるし，そして役割なのである。

　最後に「政策を提案する役割」。社会から幅広く集められた意見を議論のうえ集約して，これを政策として提案することももちろん議会に期待されるところである。ただし，この役割をまっとうすることはそう簡単ではないこともふれておこう。現代の政治問題は社会の幅広い領域に及ぶようになり，かつそれぞれが専門化もしている。たくさんの職員を抱えて分業体制をとることによりその専門化に応じている首長側に対して，議会に同様なサポート体制はない。専門性などを議会としてどう担保するのか，事務局などの補佐体制の充実強化が議会にこの役割を果たさせるうえでの課題になっている。

■ 首長与党？

　前項で見てきたものは，国・地方を問わず，いずれも議会の大切な役割。ただ，同じ議会であっても，国の議会（国会）と地方議会では，その位置づけは異なることを知っているだろうか。国会にあっては，首相を指名するという役割があり，そこから国会内は首相を支える勢力（与党）と，基本これにとって代わろうとする勢力（野党）に分かれることは先にもふれたとおり。

　ところが，地方議会にも同様に与党と野党が存在するかのように語られることがある。実際，マスメディアでは「首長与党の××党」などと報じられることしばしばだ。けれども，これは理論的に考えたときには大きな間違い。首長を選ぶのは有権者であって，議会ではない。それゆえ，地方議会に首長を支えるべき理由はなく，繰り返し述べているようにその使命は監視すること。

　ただ，マスメディアなどによるこの誤解，実をいうと，まったく根拠がないわけではない。それというのも，実は「与党」という自覚を持つ議員は少なくないからである。多くの地方議会に見られる「総与党化」と呼ばれる現象を知っているだろうか。首長選挙の際，主要政党が軒並み推薦する候補と共産党推薦の候補者が対決する（そして，多くの場合，前者が勝つ）というのが首長選挙の

おなじみの光景になってしまっているのであるが，当選者を応援していた議員
の多くは，当選後は「与党」議員であるとの自覚のもとに，チェックよりもむ
しろ行政への協力をその役割と心得ているようだ。そのわけは，「与党」議員
になると，支持者からの依頼を優先的に行政に相談できる（要するに，行政への
「口利き」ができる）という効用が期待できるから，というところだろう。

　このように「総与党化」した議会は，総じて評判が悪い。行政を監視しよう
という姿勢を欠くだけでなく，何をしているかわからない存在になってしまっ
ているからだ。

　緊張感を欠いた行政とのやりとりは，「八百長と学芸会」といわれている。
「八百長」とは行政側の提案が議決される前から成立することが決まっている
ことを，また「学芸会」とは議員の質問と行政側の答弁があらかじめ用意され
ている原稿を読み上げるだけの「質疑」になっていることをそれぞれ揶揄して
いるのであるが，このように評判の悪い議会は，この章の冒頭でも触れたよう
にもはや「リストラ」の対象でしかないようにも見える。

4　始まった議会改革

■ 議会基本条例

　しかし，筆者はこの風潮に異を唱えたい。理由は2つある。1つ目は議会が
弱体化すれば，首長が——かつての夕張市のように——暴走を始めたときにブ
レーキをかけることがそれだけ難しくなるということ。もう1つは，理想の議
会をめざしての議会改革の実践例が見られ始めており，その姿に希望を見出し
たいからである。以下ではその一例として，先駆的な存在である栗山町議会
（北海道）のことを紹介したい（橋場・神原 2006）。

　栗山町議会が有名なのは，先駆けて「議会基本条例」を制定していたから，
という説明の仕方もあるのだけれども，正確ではない（きれいごとを並べた「条
例」を制定するだけなら，それは造作もないこと。残念ながら「コピペ条例」とか「ア
クセサリー条例」という言葉もある）。この条例は，栗山町の議会改革の理念や具
体的な取り組みを成文化したものであるのだが，条文化された段階ではすでに
その8割が実行されていたという。栗山町議会が注目されるべき理由は，条例

化以前から着手されていた議会改革のその中身に他ならない。

　ここにあって議会改革の柱となっているのは，（1）住民に開かれた議会，（2）行政側との切磋琢磨，（3）自由討議の重視，の3点。（1）は，議場の外で町民の声を聞こうとする各種の制度を設けることにより，先に述べた議会の強み（社会を代表する役割）を具現化しようとするもの。代表的な取り組みとして「議会報告会」がある。これは複数の議員で町内の各地を訪ねて議会の活動を説明し，町民の意見を聞くという催し。

　議員個人などで企画する報告会と違って，この会合を主催するのは機関としての議会。議員は自身の意見や立場ではなく，「議会」として議論したことや決めたことを説明しなければならず，そのためには審議内容をよく理解しておくことが求められる。報告会は誰が来てどのような質問や発言をするかは予想のつかない，「学芸会」とは対極のライヴそのもの。住民と議員の距離を近づける舞台にも，また議員を鍛える舞台にもなっており，さらに「チーム議会」意識の醸成にも役立つなど，様々な効果が指摘されている。

　（2）は，「行政を監視する役割」を果たそうとするもの。なれ合いの「八百長」ではなく，行政に対して是々非々のスタンスで臨む姿が目指されている。議員が財政のような分野も含めて政策研究ができるよう行政側に様々な資料の作成・提出を求める一方，条例で「反問権」（質問の趣旨の確認などの目的から行政側が議員に問い返すことができる権利）を認めているのは，行政側と高いレベルの政策論争を行おうとする議会側の意思表示と言っていいだろう。

　（3）については，基本条例の前文に出てくる「討論の広場」という言葉を手がかりに紹介しよう。「討論するのが仕事なのに，いまさら『討論の広場』を名乗るの？」と思った人には，断わっておく必要があるだろう。従来の議会は，必ずしもイメージされるような討論を行ってこなかったし，広場のように開かれてもいなかった。ここには，その裏返しとして，妥協のない討論を行おう，また行政や市民ともとことん話し合おう，という決意が込められている。

　詳しく見ていこう。議会で一般に「討論」といわれているのは，議案に対して各議員が賛否について行う演説のことで，終了後は「表決」と呼ばれる採決となる。つまり，「討論」といいながらその実，言い放し（聞き放し）なのであって，互いに疑問や反論をぶつけ合う場にはなっていない。「討論」の前に，「質

疑」という過程もあるけれども，基本的には議案を提案している行政側への質問に終始するもの（「学芸会」とからかわれていたのがこれ）。つまり，普通わたしたちが「討論」としてイメージする，議員どうしが意見を戦わせるという舞台や過程は，現状，議会審議のなかには必ずしも組み込まれていないのだ。

　その点，「討論の広場」をめざす議会は，議員どうしの自由かっ達な話し合いの舞台として「自由討議」と呼ばれる時間を設けることを条文でうたっている。もちろん話し合いそれ自体が目的なのではなくて，話し合いを通じての論点整理と合意形成をめざしているのであって，これは先にふれた「議論を行う役割」をまっとうしようとするものに他ならない。

　このように議会本来の姿を目指す改革がはじめられている。栗山町が日本のなかでも何か特殊な地域であるならともかく，そうでないのならば同様な取り組みは他の議会にあっても不可能ではないはず。リストラをすすめてその弱体化を招くよりも，議会にこのように本来の役割を果たさせることのほうが地域のためになると筆者は考えるのだけれど，どうだろうか。

■ 議会改革は新ラウンドへ

　このような議会改革は，着手されて以来，かれこれ20年が経とうとしている。本章の最後にその現在地を確認しておこう。現場からは，「議会改革には２つの壁がある」という声が聞こえてくる。１つ目の壁は議会基本条例を作ることで，２つ目の壁は議会報告会などで出された意見をどう政策にまとめるか，というもの（会津若松市議会編 2019：212）。議会改革を継続的に観察している調査（自治体議会改革フォーラム HP）によると，議会基本条例を制定した例はすでに全国の自治体議会のうちの半数を超えており，１つ目の壁を越える取り組みは一定の広がりを見せていることが伺える。

　ただし，前項で見たような議会基本条例の制定に象徴される議会改革は，（以前の姿を知っている人からすれば，大きな歩みではあるにしても）本来は「当たり前」の話であり，それだけで社会からの議会への評価が高まるわけではない。必要なのは目に見える成果をあげて，「見直した！」と思ってもらえること。

　その意味で真価が問われるのは２つ目の壁の方だろう。その点で全国の議会から一目置かれているのが，福島県会津若松市議会。住民から出された意見を

政策にまとめるための仕組みを「**政策サイクル**」として確立させていることで知られている（**図12-1参照**）。その「サイクル」とは，まず地域が抱える悩み事などを発見する場として住民との意見交換会が催され，寄せられた意見をもとに広報広聴委員会が「問題設定」する。設定された課題については予算決算委員会が「問題分析」と「政策立案」に努め，その研究成果は意見交換会で披露され，住民の意見をさらに求めるかたちで磨き上げていく，というもの。

　市民からの信頼を得るうえで大切なことは，伝えられた意見を聞きっぱなしにすることなく，何らかのアクションを起こして成果を見せることだという。例を１つ紹介しよう（目黒 2010；会津若松市議会HP）。耐震性に問題ありと診断されたある小学校を建て直そうとする計画が行政から発表された際，保護者たちや住民は不安を隠せなかった。それというのも，近隣のやはり老朽化した住宅団地を移転させたうえで，そこを建設予定地にするというのがその内容だったからだ。児童の安全確保から新校舎の建設が急がれる一方，団地の移転をいたずらに急げば，それはそれで多数の高齢者を含む入居者への配慮を欠くことになりかねない。

　議会は，行政が設けた市民懇談会への参加を断り，議会として独自に審議するための検討委員会を立ち上げる。団地住民や小学校の PTA 役員と意見交換を行い，前者からは「団地建て替えと小学校の建設は別なものとしてほしい」という声を，後者からは「早期の建て替えを望む」という声を得る。これらの声をもとに議会が議論を積み重ねて出した結論は，議会として行政に再考を求める決議を行うというもので，行政はこれを受けて現在地での建て替えへと計画を変更したというのがその結末。住民の意見を形にするこのような実績を，会津若松市議会は積み重ねている（関心のある人は，同議会HP内の「政策形成サイクル活用の具体的実践例」をぜひ参照してほしい）。

　議会の業績を評価するにあたって注意してほしいのは，議会によるアウトプットはいろいろな形態をとることがありうるので，それは必ずしも独自の条例案の提案や修正案の提出などに限らない，ということ。決議や陳情の採択という形で議会の意思を行政に伝えて行動を促すやり方もあれば，行政側の提案に賛成する場合でも意見を付けるという形で議決するやり方もある。住民の望むところを実現させるための手法は多様に存在することは理解しておきたい。

図12-2　政策サイクルの流れ

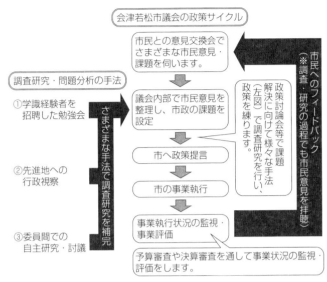

出所：会津若松市議会 2019：6。

　先にも触れたように，専門性などの点で見劣りする議会が行政とあらゆる場面で対等に政策立案を担う，というのは現時点では難しいと言わざるを得ない。しかし，行政の欠点であるタテ割りの弊害などが現れている領域や，行政が手をこまねいている課題などはむしろ議会にとってのチャンスだ。「今後挑戦したいことは？」と問われて，会津若松市議会から返ってきた回答にはその積極的な姿勢がよく表れている。その回答を紹介して，この章を終わりたい。

　　「市民との意見交換会で，最近増えてきたテーマが空き家問題です。会津若松市の
　　担当部署は市民部の危機管理課です。ところが，その後の跡地利用等々を考えれば，
　　建設部も関連してくるし，トータルなまちづくりにおいては，企画政策部のまちづく
　　り部署が絡んでくる。空き店舗と考えれば，商工課も関係してきますね　‥（中略）
　　…　まさに，空き家問題は部局横断的な課題なんです。このような課題に横串しを刺
　　すのが，議会の役割だと思っています」。(会津若松市議会編 2018：225)

☑ 調べてみよう・考えてみよう

① 「独任制」（首長）と「合議制」（議会）を比べて，それぞれの強みと弱みを整理してみよう。

② 会津若松市議会の HP を見て，どのような実績を残しているか調べてみよう。

③ 身近な議会の HP を調べて，その議会がどのような取り組みをしているか，またその議会の課題は何かまとめてみよう。

📖 おすすめ文献

① 相川俊英，2014，『トンデモ地方議員の問題』ディスカヴァー・トゥエンティワン．

　　地方議会を題材とした本には，〈地方議員に転身しました〉という自叙伝的なものと〈地方議会の実態を暴く〉という暴露本的なものが目立つ。本書のタイトルも一見後者のタイプを匂わせるところがあるが，他方で改革に地道に取り組む議会もあわせてとりあげている点が類書との大きな違い。

② 会津若松市議会編，2018，『議会改革への挑戦　会津若松市議会の軌跡』ぎょうせい．

　　本文には収めきれなかった，会津若松市議会の取り組みの様子が当事者たちによって詳しくまとめられている。いまは「トップランナー」でも，道のりは必ずしも平たんではなかったことが分かる。関心を持った人にはぜひ一読をすすめたい。

③ 江藤俊昭，2016，『議会改革の第2ステージ　信頼される議会づくりへ』ぎょうせい．

　　筆者は，議会基本条例を制定した議会がさらに目指すべきステップを「議会改革の本史」，「第2ステージ」と表現する。その内容として，会津若松市議会のような取り組みはもちろんのこと，自治体間連携や市民教育のなかでの議会の役割などが提示されている。

【上田道明】

第**13**章

市民にできることがあるの？
──市民による直接参加──

1 あとは任せれば大丈夫？

■ ズレが生じたとき

　前の２つの章を通じて，政治家（首長・議員）の役割の大切さを理解してもらえただろうか。その役目をだれに託すのか，市民の選択もまた重要であるが，市民の役割はそこまでで，あとはリーダーに任せれば大丈夫あるいは（投票以外で）市民にできることなんて高が知れている……そう思っている人はいないだろうか？　この章では市民の役割，市民にできることを考えてみたい。

　選ばれたリーダーは多くの市民の支持を得ているのだから，民意に沿った政治が行われると想定されてはいる。しかし，選ばれたとはいえその政策のすべてが支持されているとは限らない。選挙という制度自体にそのような限界がある以上，リーダーが実施しようとする政策と市民の意思の間にズレが見られても決して不思議ではない。市民が望まないものが実施されようとすることも，また市民が望むものがまるで顧みられないこともありうることだし，実際に起きていることだ。そんなズレを目の前にしたとき，わたしたちは次の選挙までガマンするしかないのだろうか。「このまま放っておけない！」という思いが湧き上がってきたとき，さて，どうすればいいのだろうか。

　地方自治法に**直接請求制度**という**直接民主政**的な参加の手法が規定されていることを知っているだろうか（**表13-1**）。首長や議員などの解職を求めることができるなど，署名を集めることによって有権者が直接政治に働きかけることができる制度だ。注目すべきは，国政には同様な制度が存在しないこと。このように地方自治にあっては市民の直接参加が積極的に位置づけられているので

表13-1　地方自治法上の直接請求制度

	必要署名数	署名の提出先	請求後の扱い
条例の制定改廃請求	1/50以上	首　長	議会が招集され，過半数の賛成により制定改廃が成立
事務の監査請求	1/50以上	監査委員	監査を行い，その結果を公表
議会の解散請求	1/3以上*	選挙管理委員会	解散の是非を問う住民投票が行われ，過半数の賛成により解散
議員・長の解職請求	1/3以上*	選挙管理委員会	解職の是非を問う住民投票が行われ，過半数の賛成により解職
主要公務員の解職請求	1/3以上*	首　長	議会が招集され，定数の2/3以上が出席し，3/4以上の賛成により解職

＊有権者総数が40万人，80万人を超える場合，それぞれ緩和措置がある。
出所：筆者作成。

あって，「放っておけない」と思ったのなら，次の選挙まで待つ必要はないと筆者は考える。同じように考える市民たちによって1990年代あたりからさかんに求められるようになった手法がある。政策決定に，市民1人ひとりによる投票の結果を反映させようとする制度＝住民投票である。

2　望まない政策を止めるために──住民投票──

■ 住民投票とは

　住民投票とは，その政策が市民の望むものであるのかどうかを，一般有権者による多数決の結果として表現する方法。政治家が「市民の理解を得ている政策だ」といっているものがほんとうかどうか，数で証明することができる。

　ところが，法律上，一部の例外的なものを除き住民投票を実施するための制度は設けられていない。そのため，実施するには，自治体が独自に投票を実施するための条例（住民投票条例）を制定することが求められる。市民が住民投票（条例）を求める場合には，表13-1に紹介した直接請求制度のうちの1つ，条例の制定改廃請求制度が活用できる。

　ただし，条例の議決権を持つのは議会であるため，請求案が成立する確率は10％にも満たないのが現実だ。議会は，住民投票のことを自らの存在意義を否

定するものと見なしがちであることに加えて，多くの場合，議会の姿勢に異議を唱える立場から住民投票が求められていることから，請求に対する議会の拒否反応は強く，結果このような成立率になっている。

　このように住民投票は，現状簡単に実施できるわけではない。しかし，そのようななかでも住民投票を実現させ，望まない政策にブレーキをかけたたくさんの実例が存在している（上田 2016）。ここでは，国の可動堰建設計画を止めて，ふるさとの川を守った徳島市の住民投票を紹介しよう（武田 2013）。

■ ふるさとの川を守った徳島市の住民投票

　徳島市の住民投票にかけられた争点は，150年に一度の洪水に備えるため，吉野川に可動式の堰が必要とする建設省（いまの国土交通省）の計画。もともと吉野川には江戸時代につくられた石積みの第十堰があり，生態系を守るとともに徳島の人たちを洪水から守ってきた。けれども「老朽化しており危険」なので撤去のうえ，コンクリート造りの可動堰が必要，というのが建設省の主張。

　国がお金を出して，洪水から徳島の人たちの生命と財産を守ろう，というのだから，「いい話ではないか」と思うかもしれない。でも，このときの徳島の人たちの反応は必ずしもそうではなかった。これには伏線がある。当時，日本のあちらこちらでダム建設は紛糾していた。「ダムをつくっても，環境は悪くなりません」という行政側の説明とは裏腹に，各地で環境悪化が報告されていたからだ。また，ケースによってはダム建設の背後には利権が隠されていること，政治家・役所・建設業界の癒着があることも，数々の汚職事件やマスメディアの報道などから多くの市民の知るところとなっていた。

　徳島の人たちにとって，吉野川はふるさとのシンボルなのだという。徳島を遠く離れた人がふるさとに帰ってきたとき，車窓に吉野川が映ると「ああ徳島だ」と思うのだそうだ。そのふるさとの清流があぶない，という思いが徳島市民を動かした。この事業に疑問を抱いた市民たちによって，この事業のことを広く市民に伝えようとする活動が始められる。

　しかし，そのような活動をよそに，状況はすでに建設着工の手前まで来ていた。徳島県知事・議会，さらに徳島市をはじめ流域自治体の首長・議会が，こぞって建設を支持していたからだ。選挙が民意を反映させているという前提に

立つならば，もう議論の余地すらなかったのかもしれない。しかし市民たち
は，事業への賛否以前に，そもそも多くの人がまだこの事業の存在自体を知ら
ないことが問題なのでは，と考えた。そこで，広く市民にこの事業を知っても
らうことから，そしてその前提として，事業の詳しい内容を公開するよう国に
対して求めることから活動を始めたというわけであった。

　市民たちは行政の秘密主義（当時，まだ情報公開法は成立していなかった）に手
を焼きながらも，少しずつ事業の中身を明らかにすることに成功した。そし
て，そこから浮き彫りになった疑問点を投じるかたちでの議論を起こし，地元
メディアがその論争の様子を積極的に報じることにより，可動堰事業とそれへ
の疑問，論点は多くの人たちの知るところとなった。しかし国や徳島県庁など
は，議会の支持などを理由に着工に踏み切ろうとしていた。もはや市民側に事
業に「待った」をかける手段はないのか，という状況のなかで，最後の手段と
して訴えられたのが，建設の是非を徳島市民に問う住民投票だったのである。

　住民投票条例の請求に50分の1以上の署名が必要なことは**表13-1**に記して
いるとおり。しかし徳島市では，1か月の間に10万人あまりの人がこの署名に
応じ，これは2％どころか徳島市の有権者の実に49％に当たるものであった。

　請求された条例案が成立するのは10％にも満たないと先に述べたが，この
ケースでも議会は住民投票を認めなかった。それだけの署名が集まったにもか
かわらず，徳島市議会は請求案を否決したのである。しかし，投じられた疑問
に答えることなく，また10万人もの署名を顧みず，事業を推し進めようとする
姿勢に多くの有権者には感じるものがあったのだろう。その後行われた市議会
議員選挙で，住民投票の反対派と賛成派は勢力が逆転する。その後さらに曲折
を経るものの，ついに住民投票条例は成立，2000年1月に投票は行われた。

　建設推進派が投票をボイコットしたため，投票率は55％という水準にとど
まったものの，投じられた反対票は有権者全体のほぼ半分（49.6％）に至った。
条例にもとづく住民投票は，その結果に法的拘束力を伴わないなどの理由か
ら，投票後も曲折を経るものの，2010年に国はついに建設を断念した。住民投
票は，国が計画し地元の首長や議会がこぞって賛成していた事業を中止させ
た，という異例の展開をもたらした。投票結果からすれば，この事業を地域住
民が望んでいなかったことは明らかなのであるが，これという権限を持つわけ

ではない市民たちがなぜこれだけのことを実現できたのであろうか。

■ 代表民主政の機能を問う住民投票

　住民投票運動から投票本番にかけて，節目でモノをいったのが「数」（署名数，市議選での勢力逆転，住民投票での反対票数）であったことは間違いない。では，どうしてそれだけの「数」をまとめることができたのだろうか。市民運動のリーダーたちが大切にしていたことは，多くの市民が事態をよく理解したうえで地域の問題を考えることができる環境を整えることだった。そのため，運動の主眼に置かれたのは「反対」を唱えることではなく，行政に対し「情報」と「議論」を求めることであった。

　その市民運動とは対照的であったのが，行政を含む建設推進派だった。行政は可動堰の必要性について「データなどの情報をもとにした議論をしたい」と望む市民たちに対し，情報提供にせよ対話にせよ積極的とはいえない姿勢であった。また建設推進派は住民投票にあたり，（投票率50%未満の場合，投票が不成立になるというルールがあったため，不成立をねらって）投票ボイコットを呼びかけるだけで，可動堰の必要性を広く訴えることはなかった。市民の意思を尊重しようとしていたのがどちら側なのか，多くの人の目には明らかだったろう。全有権者のほぼ半分に当たる人が住民投票で反対票を投じた事実は，1つにはそこから説明できるのではないかと思われる。

　本来，市民に情報を提供し，政策の賛否に関わる議論を行うべきは，行政の役割であり，議会の役割のはず。それを市民グループが担おうとした，ということは，裏返せば，行政も議会もそれをやっていなかった（あるいはできていなかった）ことに他あるまい。それでいて「自分たちが民意を代表している」とうそぶく姿勢と，当然に生まれたズレとを前に，これを「放っておけない」という思いが多くの徳島市民を動かしたのではないだろうか。

　断わっておけば，住民投票には危険な面もある。もし有権者が争点のことを誤解したり，よく理解しないままに投票するようなことがあれば，社会にとって好ましくない投票結果が出てもおかしくないからだ（徳島にあっては，それは洪水によって人々の生命と財産が脅かされることにつながるかもしれない）。もとより世論には「熱しやすく冷めやすい」という指摘もないではない。徳島の投票は

その点どうだったのか，投票後の動きを手がかりに考えてみたい。

　住民投票で可動堰に No を突き付けた市民たちは，投票後も活動を続けた。具体的には，可動堰に代わる対案作りに着手しているのである。NPO 法人を立ち上げ，その研究資金を広く募るとともに（研究費用の半分はのちに徳島市役所が助成している），多様な分野の専門家に研究への参加を働きかけている。その結果，12名の専門家が集った「吉野川流域ヴィジョン21委員会」が立ち上げられ，同委員会は2004年に，「第十堰の保全」と「流域の森林整備」を 2 本の柱とする報告書を発表している。後者は「緑のダム」とも呼ばれるもので，森に丁寧に手を入れることにより山の保水力を高めて，大雨に見舞われたとしてもその雨水が一気に河川に流れ込まないようにすることにより洪水を防ぐ，というものだ。結論に至る過程では，オブザーバーから委員たちの見解に反対意見が出されることもあれば，「緑のダム」の効果に否定的な見解も紹介されるなど，議論は一筋縄ではなかったとのこと（武田 2013）。

　活動が一過性のものではなかったこと，また結論がお手盛りに用意されたものではなく，オープンな議論を経て出されていることなどを見ると，市民たちの活動が一時の感情に流されたものでなければ，科学的な知見を軽視したものでもなかったことがよく伝わってくる。どの地域でも，どの投票でも，同じような取り組みがなされているわけではない。でも，正しいやり方を見失わなければいまの地域社会はこれだけのことができる，という潜在的な可能性を徳島市民は示してくれたのだと筆者は考えている。

3　望む政策を実現させるために──「市民立法」──

■ 市民発の政策

　前節では，ズレが生じた結果，望まない政策が行われようとする際には，これを止める手段があること，そしてその手段に訴えることも市民の役割ではないか，ということを論じてきた。他方で，「市民が望む政策が顧みられない」というズレについてはどうすればいいのだろうか。

　「市民立法」という，一般にはほとんど認知されていない言葉がある。ここでは，市民が主導して政治家や行政に政策をつくらせるプロセス，としておこ

う。近年，この「市民立法」の実例が紹介されるようになっている。

　いくつか例を挙げてみよう。2015年に始まった「小規模認可保育」制度（保育所として認可を受けるためには「定員20名以上」を条件とする，という規制を緩和し，19名以下でも認可が可能になった制度）は，ソーシャル・ビジネスに取り組むある市民が国会議員や官僚にアイデアを持ち込んだことが政策化の発端であったという（駒崎 2015）。2021年に菅内閣が発足した時，「孤独・孤立担当相」という特命大臣が新設されたことが話題となったが，これは「『望まない孤独』をなくす」というミッションを掲げる NPO 法人がある与党議員に相談したことがそもそものきっかけになっている。

　相談相手は必ずしも与党議員でなくてもいいようだ。コロナ禍のなか困窮する女性へ生理用品が支給される制度が設けられたのだが，そのきっかけも，ある野党議員が政治家に政策を提案できるサイト（「PoliPoli」）の運営者から，生理の問題に興味はないかと声をかけられ，国会で質問したことが事の発端であったという（秋山 2022）。これらの成功体験を受けて，「市民立法」を実現させるための**ロビイング**という手法を広く社会に伝えようという動きも見られるようになり（明智 2015；駒崎・秋山 2106），またネット上には市民の切実な声を政治の現場に取り次ぐサービスが現れている（このような取り組みは，Politics〈政治〉と Technology〈技術〉を掛け合わせて，PoliTech〈ポリテック〉と呼ばれている）。以下では，「どうすればいいのだろうか」という問いへの 1 つの答えとして，この「市民立法」に注目したいと思う。

　もとより政策は，政治家や行政に近い立場の者の声が優先してつくられがちなところがある（政治家や行政と日頃から密な関係を築くことに熱心な人や団体の存在は，ここから説明される）。裏を返せば，そうでない人々の声は放置され，または後回しにされがちだ。しかし近年は，「そうでない人々の声」であるにもかかわらず，その望む政策が実現したという例が見られるようになっている。どう風向きが変わったのだろうか。

■「市民立法」への追い風

　背景には，政治行政の側の変化と，社会の側の変化の両方があると考えられる。前者から見ていくと，まず行政が**審議会**（行政が政策立案にあたり，民間の

人たちの意見を聞くために設置する機関）などの委員に——従来は，行政に近い立場の人物が起用されていたのに対して——公募市民も含めてさまざまな立場の人を幅広く選任するようになった，ということがある。意見聴取制度である**パブリックコメント**とあわせて，それぞれの分野に高い関心と専門的知識を持つ人や団体の声が行政に届きやすくなった，といっていいだろう。

　この点での議会の取り組みは，行政と比べるとまだ貧弱といわざるをえないが，それでも前章でとりあげた栗山町議会や会津若松市議会のように，市民の声に積極的に耳を傾けようとする例が現れていることは指摘しておきたい。（両市町の議会基本条例には，住民からの陳情は政策提案と受け止めて，その主張に耳を傾ける機会を設ける，という趣旨の条文が規定されている）。

　社会の側の変化としては，情報化に負うところが大きい。同じ悩みを抱える人たちや問題関心を共有する人たちが，SNSなどを通じて簡単につながることができるようになった。困難や悩みを抱える当事者とその周囲の人たちほどに，問題の実態を知り，解決に必要な措置を熱心に考える人たちはいない。この人たちは，そのつながりを通じてNPOのような団体を立ち上げて——必ずしも認知されていない困難の実態を，わかりやすくデータ化するようなかたちで——問題の存在を自ら情報発信する，議員や行政に直接働きかける＝ロビイングする，あるいはマスメディアなどを通じて世論を喚起する等々，多様な活動を見せるようになっている。

　第1章や**第4章**で見たように，NPOやソーシャル・ビジネスは，いち早く問題を発見し，解決のために柔軟に対応策を開発する強みを持つ。政治家や行政からすれば，自分たちには必ずしも備わっていないそのような強みを持つ存在に気付き，少しずつでも耳を傾け始めている，ということなのだろう。

　以上，まとめてみると，政治や行政の側に社会の声に耳を傾けようとする姿勢が広がりつつあることに加えて，特定の政策の必要性を感じる人々がネットワークを形成するとともに，その政策を実現させるために政治や社会へ働きかけを始めたことの両方が認められる。その結果，市民の呼びかけに応じるかたちでつくられる政策も実現例が見られ始めているのである。

　もっともその現状は，「見られるようになっている」程度なのであって，実際には劇的に増えているわけでもなければ，政策の中身も必ずしも市民側の思

いのままに実現しているわけでもない。

　しかし，「市民立法」にチャンスが広がっていることにかわりはない。選挙それ自体が表現できる民意に限界がある以上，顧みられない問題や政策は当然のように出てくる。だが，あきらめることはない。市民の声が届くチャンスはかつてなく広がりつつある。

☑ 調べてみよう・考えてみよう

① 住民投票という手法には，どのような長所と短所があるか，調べてまとめてみよう。

② 市民の希望する政策を議員に取り次ぐサービスがはじめられている。探して，そのサービスの内容を調べてみよう。

③ 各種のデジタル技術を駆使すれば，直接民主政は可能であり，これを実現させるべき，という主張がある。あなたはどう考えるだろうか，まとめてみよう。

📖 おすすめ文献

① 五十嵐立青，2016,『あなたのまちの政治は案外，あなたの力でも変えられる』ディスカヴァー・トゥエンティワン.

　　身近なところで悩みを抱えたときに，どう行政に働きかければいいのか，住民投票も含めて，さまざまな手法を指南する一冊。物語形式で読みやすい。

② 明智カイト，2015,『誰でもできるロビイング入門』光文社.

③ 駒崎弘樹・秋山訓子，2016,『社会をちょっと変えてみた』岩波書店.

　　この2冊にそれぞれ寄稿，編集という立場で関わっている駒崎弘樹（本文に出てきた「ソーシャル・ビジネスに取り組むある市民」というのが実はこの人）は「世界は意外に，フツーに変えられる」と，本章がいうところの「市民立法」について前向きな展望を示している。当事者たちが実際に「変えてみた」という複数の事例を紹介するとともに，変えるための「技術」をまとめたという点では共通する2冊なのだが，このような著作が相次いで公刊されているところに社会の変化を見て取ってほしい。

【上田道明】

第14章

どうして投票率が低いのか？
──地方選挙の現実と課題──

　第Ⅲ部で見てきたのは，地方自治体の政治の仕組みだが，国政との違いは市民が直接参加する仕組みが有るのこと（**第13章**）と，均衡と抑制を図って二元的に存在する首長（執行機関，**第11章**）と議会（議事機関，**第12章**）がともに住民によって選挙されることである。本章では，住民が自治に参加する重要なチャンネルである地方選挙の低投票率の原因と改革課題について考えたい。

1　選挙と地方自治

　選挙は住民の代表を選出し，当選した候補者に首長や議員としての権限を付与することを正統化する（**民主的正統性**）。現職の再選は任期の間の業績が評価されたと見なされ，明確な争点が候補者から提示された場合は，採用されるべき政策を選ぶという意味合いを有する。

　選挙は，有権者が代表を選ぶことによって，政治に参加し，専制政治を防ぐ民主主義の根幹にあたるものだが，代表民主政は３つの層からなっている。もっとも基礎の部分である第１層は１人１票である。これは政治的代表者１人が代表する国民・市民の数が同じこと，有権者が平等に扱われることを意味する。第２層は当選の決定方法と票の議席への転換方法であり，狭い意味での選挙制度である。有権者にわかりやすく，かつ納得感のある選挙制度が投票率を高めると考えられる。第３層は有権者の投票行動，そもそも投票するかどうか，どのような政党や候補者に投票するかである。有権者が投票したいと思う候補者が提供され，自由に選べることが重要である。代表民主政が機能するためには，１人１票の原則が保証され，当選者の決まり方が有権者の民意を議席に転換する公正な方法であり，有権者が自由意思に基づき積極的に投票するこ

とが条件なのである（岩崎美紀子，2021）。

　地方選挙は大きく2つに分類できる。首長選挙と議会議員選挙である。首長選挙は自治体の執行機関のトップを選ぶもので，必然的に1人しか当選しない選挙になる。知事と市区町村長の選挙制度自体に違いはない。

　一方，議会議員選挙は，都道府県議会・指定都市議会議員選挙とそれ以外の市区町村議会議員選挙に大別できる。区別の基準は前者が，選挙区制を採用するかどうかである。都道府県議会選挙では，1つの市だけあるいは周辺町村を分割せずに組み合わせて選挙区を作る。定数は自治体の規模によって大きく異なるが，1人区も少なくない。指定都市議会選挙では行政区が選挙区になる。その他の市町村と特別区は一般的には，自治体の区域全体で定数全員を選ぶ。

　選挙の種類は多様であるが，有権者が投票において行うことは画一的である。投票用紙に当選してほしい候補者の名前1名分だけを自分で書いて投票（自書式）するのである。首長選挙では最も得票が多かった1人が当選し，議会選挙では得票数が多い順に定数まで当選する（単記非移譲式）。日本の地方選挙は一部の例外（投票方法について記号式や電子投票など）をのぞいて，一貫してこの方式で行われてきたが，この方式の持つ問題点についてはあとで触れたい。

2　地方選挙の課題

■ 投票するのは有権者の半分以下──低投票率──

　国政選挙，地方選挙ともに，投票率が低下していることが問題になっている。図14-1が示しているのは4年毎の4月に実施される統一地方選挙と参考のための衆議院・参議院選挙の投票率の推移である。6回目の統一地方選挙（1971年）までは，地方選挙の投票率はおおむね国政選挙を上回っていたが，その後は国政選挙が上回っている。2019年4月の統一地方選挙の統一率は団体数ベースでは27.5％，定数ベースでは44.7％だった。選挙の種類によってばらつきが大きく，市区町村となっているが，都市と地方でも大きな開きがある。

　その他の多くの自治体では独自の日程で選挙が行われ，年末年始などを除いてほぼ毎日曜日，どこかで選挙が行われている。時期による変化，自治体毎の違いも大きいが，比較的メディアによって報道され，認知度も高いとされる統

図14-1　投票率の推移（国政選挙と統一地方選挙）

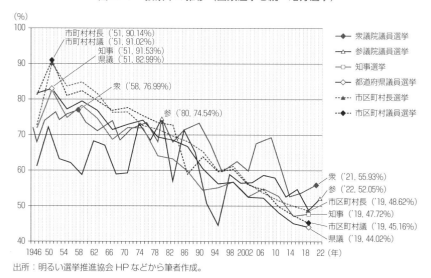

出所：明るい選挙推進協会 HP などから筆者作成。

一地方選挙の投票率でも，概ね五割を切るところまで低下している。細かく見ると，議会選挙より首長選挙の方が投票率が高く，議会選挙では府県より市区町村の方が高い傾向が認められる。

　市区町村の選挙は特に自治体ごと，また同じ自治体でも選挙ごとに差がある。都市部よりは地方の町村で投票率が高い傾向が認められるものの，候補者に関する情報，選挙の争点が明確か，現職に対する評価の高低など選挙に固有の事情が働くので，個々のデータを見る必要がある。

■ そもそも選挙にならない──担い手不足と無投票当選──

　複数の候補者間で競争が行われ，多くの民意（票数）を集めた代表者が選ばれて民主主義が実現するのであれば，そもそも選挙が行われずに当選するという現象はそれ自体が問題である。2019年4月の統一地方選挙では，道府県議会議員の定数2277人のうちの612人（26.9％）が無投票で当選した。同様に指定都市市議の34人（3.4％），市議会議員の182人（0.03％），町村議会では988人（23.3％）が選挙を経ずに当選した。道府県議会や指定都市議会の選挙は選挙区制をひいているので，無投票の影響はその選挙区にとどまるが，市区町村議会の場合は

議会全体が選挙を経ていないことになり，より問題が大きい。議会議員のなり手不足によって，有権者は選挙の機会を失っている，裏返して言えば十分な候補者が提供されないのである（総務省自治行政局選挙部「平成31年4月執行地方選挙結果調」）。

　次に示す議員構成との関係では，平均年齢の高さと女性議員の少なさと無投票当選がお互いに関係している（総務省「地方議会・議員のあり方に関する研究会報告書参考資料」2020年）。

■ 当選者は民意または社会を反映しているか？

　代表民主政を支える制度として選挙の機能を評価する場合，その結果としての当選者の顔ぶれが民意を反映しているかが重要だ。ただし，この民意を反映するということが単純ではない。2つの立場が存在する。1つは，選挙で選ばれる政治家は政治的なエリートであるべきだと考える立場だ。公共の利益を考え，調整や説得などのコミュニケーションに秀でて，リーダーシップを発揮する，そういう優れた職業政治家であるべきという議論である。

　もう1つは，特に議会では，政治家の構成は社会の縮図に近づくべきだ，つまり議会もそれが代表する地域社会も社会的に相似形をなすべきだと考える立場である。この考え方は，価値観やライフスタイルが多様化するとともに力をもちつつある。例えば，人口の半分が女性であるなら，政治家もそれに近い比率であるべきだ（実際にはそうではない）というものだ。男性の政治家でも，女性の主張も理解するのであれば政治家として優れていると考えるのが「政治家＝エリート」論だが，「政治家＝エリート」に疑問符がつく事件や報道が多く，次節で見るように政治家への信頼度も低下している。

　①性別構成

　2018年「**政治分野における男女共同参画の推進に関する法律**」が成立し，各種選挙の候補者の3割を女性とすることを政党の努力目標に掲げた。以下では，地方政治家を首長と議会議員に大別して，日本の人口構成とのずれを見ておく。これも自治体毎の違いが大きい。

　2021年12月末の全国の首長と地方議会議員についてのデータ（地方公共団体の議会の議員及び長の所属党派別人員調等（令和3年12月31日現在））によると，女性

の割合は，知事が47人中 2 人（4.3％），市区町村長1737人中40人（2.3％），都道府県議2598人中306人（11.8％），市区町村議29423人中4523人（15.4％）である。 1 人しか当選しない選挙である首長の割合が低いのに対して，複数の当選者が出る議会選挙でのほうが女性比率が高い。しかし，全体としては政治分野の女性比率が低いことが原因で，わが国のジェンダーギャップは依然として大きいことが知られている。世界経済フォーラムによる2022年のジェンダーギャップ指数ランキングでは，日本は総合116位／146カ国である一方，政治参画分野では139位であった。

　その背景としては，労働や家事・育児など広範囲に残る性別分業の固定観念や，現職に有利に新人の参入に不利に働く選挙のあり方，議会で女性が活躍する条件整備の遅れなどが指摘されている。

　②年齢構成

　年齢構成の面では，日本の住民の平均年齢は46.3歳（2020年国勢調査）であったが，2019年 4 月の統一地方選挙の当選者の平均年齢は，知事57歳，指定都市以外の市長59歳，特別区議52歳，町村議63歳など，50～60代となっており，被選挙権年齢が最低25歳からという事情は有るが，国民全体よりも高めの年齢構成になっている。

　ここでも現職に有利に新人の参入に不利に働く選挙制度や，鶏と卵の関係の話になるが，10代～30代の投票率が低いことと20代30代当選者が少ないことはお互いに影響しているのかもしれない。

　③職業構成

　2019年統一地方選挙の当選者の前職を見ると，首長・議員当選者15255人中6793人（44.5％）と半数近くは「その他の職業」となっている。総務省担当者によると現職の再選もここに含まれているので，選挙は現職が有利であることを示している。現職が有利なことは，多選化と高齢化をもたらす。

　「会社員（重役を含む）」は2602人で当選者の17％を占めているが，経営者も含まれている一方，いわゆるサラリーマンが選挙に挑戦することは一般的ではない。町村議当選者4222人の25.8％は農林水産業を職業としているが，町村議会は会期が短いため，これらを議員と兼業する人も多い。残りは商業，政党や団体の役員，無職が多い。

　選挙制度とは別の話だが，正規・非正規にかかわらず，給与生活者が選挙の準備のために休暇をとり，任期を務めたあとに復職できるような制度や環境はごく一部を除いて存在しない。そのため候補者となるのは企業経営者や資格を有する「士業」の人，事業主に偏ることになる。介護ワーカーやトラック運転手などの**エッセンシャルワーカー**とされる人は政治家になりにくいのである。

　これらを総合すると，国民・市民と政治家には属性において大きなギャップが有ることが確認できる。政治家がエリートと見なされている場合には受け入れられても，社会が多様化すると自身と似たような人を代表と見なすことになる。他方，少数だが，障がい者や外国ルーツの日本国籍取得者といった，政治に声を反映させることが難しかった「**当事者**」が議員になる実例も現れている。こういった現象は次節で触れる「政治家を代表と見なすか」という問いとも関連する。

3　なぜ，地方選挙の投票率は低いのか

　第3節では，地方選挙の投票率が低いのはなぜか，3つの視点（合理的投票モデル，社会心理学，選挙制度）から説明を試みる。

■ 有権者個人は，なぜ投票したり棄権したりするのか？——合理的投票モデル——

　第1に紹介するのは，ライカーとオードシュックによる**投票行動モデル**である。このモデルは以下の数式で表される。

　R＝P×B＋D－C

　右辺がプラスになれば（R＞0）投票に行く，マイナスになれば（R＜0）棄権することを示している。

　Pは，自分の投票が選挙結果に影響を与えると有権者が見積もる確率Possibility（0≧P≧1）である。「自分が投票しても大勢に影響ない」と感じるとPは0に近づく。これは首長選挙が議会選挙か，有権者集団の大きさで変わり，規模が小さい方がPの値が大きくなりそうだが，他にも接戦か無風かなどの予想もこれに影響する。

　地方選挙の場合，現職が引退したあとの新人対決になる首長選挙では接戦に

なる場合が有るものの，現職有利の無風選挙になることも少なくない。大選挙区制の議会選挙では，激戦になってもそれは誰が落選するかの争いになりPを高める方向には行かない。

Bは，有権者の持つ政党（候補者）間の期待効用（Benefit）の差を表す。言い換えれば争点とそれへの態度の違いが明確に有権者集団に意識されれば大きくなり，逆にだれが当選しても同じと認識されれば0に近づく。

この点については，候補者の人物像や主張する政策の違い，選挙の争点になるような地域課題について十分に情報提供がなされることが必要である。しかし，一般的には地方選挙のそれは，国政選挙より報道量は少なく，しかも大都市圏では，府県単位の地元テレビ・ラジオ局，地方新聞もなく，特に市区町村の選挙については報道されにくい。

また，首長選挙はともかく，多数が立候補し当選する議会選挙では，全候補者の情報を得てから投票先を決めることが難しく，名前を知っている，握手された接触度で投票先を決めがちである。

Dは，投票に参加することが民主主義の発展に寄与するという信念（Democratic Value）または投票は義務（Duty）であるという感情を表す。これは，教育や家族・知人からの影響が大きい。2018年に選挙権年齢が18歳に引き下げられたことに伴い，中学・高校で「主権者教育」が開始された。地域の課題について，調べ学習をしたり，ディベートをしたり，模擬投票などが各地で行われている。しかし，その副読本の内容については政治の定義を選挙によって参加するものに限定していること，教育現場では「政治的中立」が求められるため主権者教育の内容が制約される結果，民主主義的価値観につながらないとの批判がある（新藤宗幸，2021）。

Cは，投票に要するコスト（Cost）である。具体的にイメージしやすい。まず，上記Bを判断するための情報収集やその情報をもとに投票先を決定するコスト，投票所に足を運ぶ移動コスト，仕事を休んだり，レジャーに行けなくなったりすること（機会費用）がこれに当たる。

近年，期日前投票が普及して，選挙当日の時間の使い方が限られるという機会費用は削減された。その一方，人口減少地域では投票所の数が削減され，開票作業への負担軽減から投票時間が短縮される場合があり，これらは有権者の

投票コストを上昇させる。

　年代が上昇すると投票率も一般的に上昇するが，70代以上で投票率が下がるのは高齢者にとって，投票所への移動コストなどが高いためと見られる。

　実は，このモデルでは「合理的な有権者は棄権する」という結論になってしまいがちである。なぜなら，Ｐは客観的に見ると有権者数分の１となりゼロに近く，Ｂは地方選挙では報道量の少なさや無所属候補が多いことなどにより明確でなく，極めて小さく見積もられることが多い。またＣは現実的・具体的に計算されやすい一方，合理的な有権者はＤを軽視しがちである。にもかかわらずこのモデルを紹介するのは，要素を切り分けることが，投票率を上げたり下げたりする要因を具体的に考える助けになるからだ。

■ 社会心理学的な説明──信頼していないものに関わりたくない──

　有権者が政治家を信頼しない，自分たちの代表だと見なしていない場合にも投票率が低下すると考えられる。この点，2019年に言論NPOによって実施された「第２回民主主義に関する世論調査」では，公的機関のなかで「信頼していない」「あまり信頼していない」の合計を高い順に並べると，政治家（75.0%），政党（64.6%），国会・議会（59.0%），インターネット・SNS（57.6%），選挙制度（55.8%），行政（48.6%），有権者（45.1%），NPO・NGO（41.4%），新聞・テレビ（41.0%），知識人（36.8%），大学および司法が共に30.7%となっている。選挙の当事者や制度への不信感が高い。原因の１つは，地方政治，特に議会の活動の意義・存在理由が住民に伝わっていないことや，頻繁に報道される政務活動費の私的流用などの「政治とカネ」にまつわる不正等である。

　政治家が自分たちの代表かという質問については，どちらかというとも含んで「代表だと思う」と答えた人は41.5%にとどまる。これには年代差があり，50代で49.3%である一方，20代では31.0%にとどまるが，いずれの年代でも，政治家を自らの代表だと見なしている人は半数に満たない。政治家への低い信頼は，投票行動モデルにおける義務感を引き下げる。

■ 投票所から足を遠ざける選挙制度

　冒頭に述べたように地方選挙で有権者が行うことは，候補者から１人選んで

名前を自ら書くと言うことで，これが当たり前になっている。当たり前と考えてきた選挙制度が，有権者を投票から遠ざけている？　という観点から考えてみよう。

　まず，有権者の投票先になる候補者・政党が十分に提供されているかという点について，2節で当選者の属性の偏りに触れた。原因の一端にあると考えられているのが供託金制度や複雑で細かな選挙のルールである。供託金とは，立候補する際に必要となる「選挙の入場料」であるが，一定の得票を得られなかった場合，没収される。供託金は，新人の挑戦を抑制する効果をもつ。

　複雑な選挙ルールは，選挙活動期間の短さもあいまって，経験を重ねた現職により有利に働く。現職の強さは，選挙制度が新人の参入障壁として働いている面があることを示している。首長の場合，職務自体が再選可能性を高める活動であるとも言える。

　次に，投票の有効感の低さについて考える。首長選挙では当選者が1人だけの相対多数制のため，候補者が乱立すると死票（その票を投じた有権者を代表する当選者がいない票）が多くなり，逆に無風選挙になると投票率が低下する。結果的に有権者全体のごく少数の票だけで当選する現象が発生する。また当選者が1人だけの選挙の場合，選挙の結果と同じ有権者の政策毎の選択とずれが生ずる可能性が指摘される。政策について，当選することで信任が得られたと主張する首長と議会や市民の間に対立が生じるかもしれない。

　他方，定数全体を自治体全域で選出する市区町村議会選挙では，定数が多いのに1人にしか投票できない。有権者から不満の声が聞かれることはないが，有権者個人は1人しか選べず，当選者の間にも票のばらつきが生じる現象も見られるこの選挙制度は工夫の余地がある。票割りを徹底できる組織所属の候補者が有利になり，有権者個人の有効感は低下する。

4　投票率が向上するには？

　最後に前節で紹介したライカーとオードシュックのモデル（$R = P \times B + D - C$）を手がかりに，投票率が上昇する条件を考えて見よう。まず，$P \times B$でPは確率で最大値は1だが，PとBとDを大きくすること，Cは小さくすること

が投票率の上昇につながる。

　Pを大きくするためには，選挙制度をより投票有効感を高める方向に変えることが考えられる。例えば，市区町村議会でも選挙区を設けて，有権者数も選挙区毎の定数をより小さくすることが有効感は高まる。票を議席に転換する段階においても，特に議会選挙においては，たとえば「**単記移譲式**（有権者は候補者に順位をつけて投票することで，死票を少なくし，比例代表的な結果をもたらす）」や「**連記制**（２名以上に投票する）」など，死票を少なくし，かつ有権者の選好を反映しうるような制度が考えられる。そのために，「**記号式**」「**電子投票**」の導入は，多様な投票方式の導入の面からも，また集計作業の効率化の面からも検討する必要がある。

　Bが高まるためには，誰が当選するかで自治体の政策が違ってくるということが有権者に意識されることが重要である。争点が報道機関やメディアによって整理されて伝えられること，候補者からその争点への態度が明確に示され，公平・公正な報道によって有権者に伝えられることが必要だろう。同時に，有権者は「選挙リテラシー」を高めることで，自らの選挙の有効感を高めることができる。選挙リテラシーを高めるためには，投票する→結果や当選者をモニターし次の選挙の投票に活かすというサイクルが重要だ。兵庫県明石市では，市民グループが市長選挙候補者に**市民マニフェスト**を提示して，合意した事項について任期が終わる前に市民が市長とともに検証している。組織された選挙リテラシーといえるだろう。多様な候補者の確保も重要である。参入障壁は可能な限り廃止し，誰でも選挙に挑戦できるようにする。同時に政党・団体は，政治塾などで，市民に信頼される政治家を育成する責任を果たすべきだろう。

　Dが高まる方法としては，「**投票義務制**」と「**主権者教育**」が考えられる。投票を権利から義務に変えると，投票率は上昇する。豪州やベルギーは80％台後半である。投票する人の社会的な偏りは解消し，有権者の多くが投票したという経験を積む。他方，義務制でなくても投票率が高い国（北欧諸国等）が存在し，義務化に伴う弊害も考えられる。主権者教育では，リアルな選挙での争点を議論し，模擬投票をし，積極的に政治家との交流・対話を図るなどで，参加意識や投票の有効感を高めることが考えられる。

　Cを小さくするのは，Bのところでも触れたが，正確で整理された選挙情報

が手に入ることで情報・判断コストが低下し，期日前投票や在宅投票制度の拡充などで投票に伴う直接・間接のコストを低下することが考えられる。投票所数が投票率は上昇し，投票時間が短縮されると投票率が下落するということは実証されている（松井哲也，2016）。また，懸念される問題（情報漏洩やなりすましの防止等）を克服することが前提だが，ネットでの投票の導入でより社会変化に即した投票方法を導入することも有権者の選挙制度そのものへの信頼感・有効感を高めるのではないだろうか。

☑ 調べてみよう・考えてみよう
① 住んでいる自治体の首長選挙・議会選挙について調べてみよう（定数，投票率，当選者の顔ぶれ，争点になったこと等）。
② 有権者の半分しか投票に行かない選挙がなぜ問題なのか考えてみよう（「低投票率でも問題はない」という理由を考えてもよい）。
③ 代表民主政や選挙を活性化するにはどうしたらいいか考えて見よう。

📖 おすすめ文献
① 日本学術会議政治学委員会，2018,『提言　各種選挙における投票率低下への対応策』.
　　わが国の政治学者が，投票率低下問題にどう対応したら良いか知恵を結集した報告書。
② スウェーデン・市民社会庁（両角達平・リンデル佐藤良子・轡田いずみ訳），2021,『政治について話そう！スウェーデンの学校における主権者教育の方法と考え方』.
　　若者の投票率が85％のスウェーデンでは，学校でどのようにして政治を教えているのか，話し合っているのかを解説するスウェーデンの主権者教育の教材「Prata politik!」の和訳版.
③ アダム・プシェボスキ（粕谷祐子・山田安珠訳），2021,『それでも選挙に行く理由』白水社
　　アメリカの著名な比較政治学者が，「民主主義の危機」の時代に改めて選挙の意味を問いなおす。

【柏原　誠】

第**15**章

自治体のお金は国から回ってくる？

──知っておきたい地方財政の役割としくみ──

1 自治体のしごとにかかるお金はどこから回ってくるのか

■ コロナ禍における自治体の対策のお金はどこから回ってきたのか。

　本章と次の**第16章**は財政の仕組みを扱う。本章では自治体のしごとに使う
お金がどこから回ってくるのかを解説する。手始めに例として自治体がコロナ
対策に使っているお金がどこから回ってきたのかを取り上げてみよう。

　2020年初頭から世界的に感染が拡大した新型コロナウイルス感染症は，日本
においても多大な健康被害とともに社会経済活動への深刻な影響をもたらし
た。新型コロナに対する政府の対策は，①感染拡大防止及び医療提供体制の確
保等，②社会経済活動の抑制策およびその影響緩和のための経済・生活対策，
③ポストコロナの経済対策等が主な柱であった。

　新型コロナ対策の最前線に立ったのは自治体であった。自治体は感染拡大防
止，検査・保護，医療提供体制の確保，ワクチン接種の推進の他，一人10万円
の特別定額給付金を全住民に配り，生活困窮者支援，事業者支援，地域経済活
性化を推進するなど多岐にわたるしごとを担った。そのためのお金は多額に上
り，全自治体の2020年度決算における歳出は前年度と比べて約26兆円も増え
た。ではそのお金はどこから回ってきたかといえば国からであった。

　政府の一般会計の規模は，2019年度決算では約101兆円であったが，2020年
度決算では約148兆円となり，約47兆円増加した。政府支出が大幅に増えた理
由はもちろんコロナ対応である。そして，政府のコロナ対応支出のおよそ半分
は自治体向けであるとみてよい。

　政府のコロナ対応を予算で確認しておこう。政府の新型コロナ対応予算はそ

図15-1　国と地方の役割分担（2020年度決算）（歳出決算・最終支出ベース）

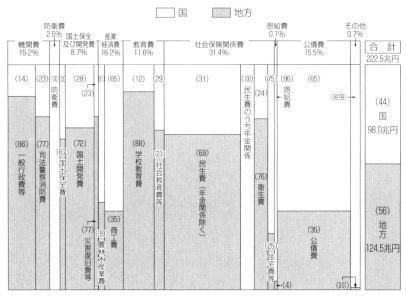

＊（　）内の数値は，目的別経費に占める国・地方の割合。計数は精査中であり，異動する場合がある。
出所：総務省資料。

　のほとんどが補正予算と予備費で計上された。2020年度は 1 次補正予算〜 3 次
補正予算で合計73兆円（うち予備費9.65兆円）となっている。また，2021年度は
補正予算34.5兆円，予備費（当初予算） 5 兆円となっている。さらに2022年度
においては 8 月末時点で補正予算2.7兆円，予備費（当初予算 5 兆円＋補正予算追
加1.12兆円）となっている。この 3 年間で100兆円を超える臨時的な予算措置が
とられたことになる。これらの予算のうち国から事業者などに直接支援するも
のもあるが，自治体に回るものも少なくない。では国は臨時的な財源をどこか
ら調達したのか。それは主に国債（特例国債）の増発によってである。
　なお，政府のコロナ対策予算はその年度内に全て使い切っておらず，かなり
の部分が翌年度に繰り越されている。そのため，予算と決算のズレが生じるこ
とになる。

図15-2　国・地方間の財源配分（2020年度）

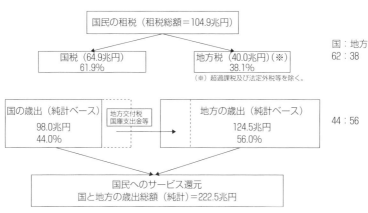

出所：総務省資料。

■ 国と地方の役割分担と財源移転

　以上のように，コロナ対応予算をみると自治体の財政と国の財政は深くつながっていることがわかる。

　図15-1は国と地方の役割分担を歳出ベースで示したものである。最終支出ベースでみると国よりも自治体の方が多く支出しており，自治体がいかに多くの行政を担っているかがわかる。

　ところが主な財源である税をみると，国税収入の方が地方税より多い。図15-2は国民が負担する租税収入における国と地方の比率と最終支出ベースにおける国と地方の比率をみたものである。税収では国：地方＝62：38であるが最終支出でみれば国：地方＝44：56と逆転する。そのギャップを埋めるのが国から自治体への財源移転である。図15-3をみると，地方歳入のうち国から地方への財源移転である「地方交付税等」が15％，「国庫支出金」が29％であり，合わせて44％が国からの移転財源であることがわかる。

図15-3　地方歳入決算の内訳（2020年度）

（億円）

地方税	地方譲与税 地方特例交付金 地方交付税	国庫支出金	地方債	その他
408,256 (31.4%)	194,469 (15.0%)	374,024 (28.8%)	122,607 (9.4%)	201,116 (15.4%)

← ────────────── 地方歳入130兆472億円 ────────────── →

（注）国庫支出金には，国有提供施設等所在市町村助成交付金を含み，交通安全対策特別交付金は除く。

出所：総務省資料。

2　地方財政のしくみをみる

■ 国家財政と自治体財政をつなぐしくみとしての地方財政計画

　地方財政のしくみをさらに詳しくみてみよう。全国の自治体が必要な財源を確保できるように国全体として財源を確保し，調整するしくみがある。それが**地方財政計画**である。国の予算と合わせて毎年度策定される**地方財政計画**は，実際には国全体の地方交付税の総額を決めるしくみである。毎年度の政府予算とともに**地方財政計画**（地方財政全体の歳入・歳出を見積もり）および地方債計画が策定される。そこで，毎年度の地方全体として必要な歳出総額が見積もられ，それに対して，国庫支出金，地方債，地方税収等を見積もれば，必要な地方交付税総額が確定する。交付税財源が不足する場合，地方財政対策と呼ばれる財源確保策がとられる。地方交付税算定は，地方財政計画によって確定された地方交付税総額を個々の自治体に配分するしくみである。このように国家財政と自治体財政はつながっている。

　自治体の財源は使途が特例されない**一般財源**（地方税，地方交付税等）と使途が特定される**特定財源**（国庫支出金，都道府県支出金，地方債等）からなる。地方交付税だけでなく，それらの財源は国家財政とつながっている。以下では主要な財源の概要を紹介する。

■ 地方税

　地方税は自治体が課税権を行使して自主的に調達する貴重な自主財源であるとともに，自由に使える**一般財源**でもある。ただし，地方税は地方税法によって規定されており，国に統制される面が強い。

　地方税は普通税（使途が特定されない）と目的税（使途が特定される）に分類される。また，地方税法で規定された法定税と地方税法に規定されていない法定外税がある。

　主な地方税をあげると，道府県税としては住民税（個人・法人），事業税，地方消費税，自動車税環境性能割，自動車税種別割，不動産取得税，たばこ税がある。そのうち税収規模から見ると住民税と事業税が2大税である。市町村税としては，住民税（個人・法人），固定資産税，軽自動車税環境性能割，軽自動車税種別割，たばこ税，都市計画税，事業所税がある。そのうち住民税と固定資産税が2大税である。

　自治体は，必要な財政需要をまかなうために**課税自主権**を発揮することができる。**課税自主権**の発揮は，標準税率を超えて課税する超過課税および地方税法に則る税目以外の独自課税を導入する方法がある。超過課税については，主として法人2税において多くの自治体が実施しているほか，固定資産税の税率を引き上げる市町村もある。また，森林環境保全等を目的として住民税均等割の超過課税を導入する道府県も多い。

　独自課税（法定外税）としては，古くは熱海市の別荘等所有税が知られていたが，近年では産業廃棄物関係の税を導入する道府県が多く見られるほか，東京都の宿泊税，泉佐野市の空港連絡橋利用税，豊島区の狭小住戸集合住宅税（通称「ワンルームマンション税」）などがある。

■ 国庫支出金

　国庫支出金（国庫補助負担金）とは，国が使途を特定した地方公共団体への財政移転をいう。国庫支出金は，国庫負担金（国と地方の両者に責任のある事務やサービスにおける国の負担分），国庫補助金（私立高校助成など特定の事業やサービスを奨励したり，財政援助を行う場合に交付）および国庫委託金（国勢調査や国会議員選挙など国の事務を地方に委託する場合に交付）に分けられる。このうち国庫負担

金は，①義務教育費国庫負担金，生活保護費国庫負担金，保育所運営費国庫負担金（公立保育所を除く）など経常経費関係負担金，②道路，河川整備などの建設事業関係負担金，③災害復旧事業など災害関係負担金からなる。

　国庫支出金は，補助要綱によって詳細なルールが定められ，補助申請，補助決定，補助事業執行に至る過程で国庫補助負担金を所管する各府省の統制を受ける。

■ 地方交付税

　地方交付税は地方税を補完して自治体の**一般財源**を保障する制度であり，普通交付税と特別交付税からなる。地方交付税総額の94％に当たる普通交付税は，各自治体の**一般財源**でまかなうべき標準的経費の主要部分を基準財政需要額として測り，各自治体の標準的税収の75％（基準財政収入額）との差額を基本として交付される。また，標準税収のうち基準財政収入額分を除く残りの25％分は留保財源と呼ばれ，基準財政需要額で捕捉しきれない財政需要をまかなう。

　こうして，地方交付税は自治体の標準的行政に必要な**一般財源**を保障する財源保障機能とともに，自治体間の格差を是正する財源調整機能を持っている。

　なお，地方交付税のうち6％分は特別交付税として，画一的算定になじまない災害関連経費，地域医療の確保，公共交通の確保などの経費に充てられる。

　地方財政計画や地方交付税のあり方については国が決定しており，自治体は意見を申し出ることができるにすぎない。地方交付税の原資は地方交付税法で定めた国税の一定割合であることから，財務省は国の財源として位置づけているが，地方団体や総務省は地方の固有・共有の財源であると位置づけている。地方団体は地方交付税の総額を決める地方財政計画策定に対する地方の参画を図ることを提言してきたが，まだ実現されていない。

■ 地方債

　地方債とは，地方自治体が借り入れる借金のうち，返済が2年度以上にわたる長期債務のことを指す。年度内の借入は一時借入金という。

　地方債の機能としては，①自治体財政の歳入と歳出の年度間調整機能（年度

によって公共施設整備に財源が必要な年度とそうでない年度があることから地方債発行で調整），②住民負担の公平のための調整機能（ある時期に整備した公共施設は次世代も使うことから世代間で負担を分かち合う観点），③国の財政政策への協調機能（国の経済対策の中心をなしてきた公共事業の主要な実施主体は自治体であり，自治体が公共事業を進めるための財源として地方債が位置づけ），があげられる。

　地方債の対象経費は，公営企業に要する経費，出資金および貸付金，災害復旧事業費，公用施設の建設事業費等である。その他，特例措置として，過疎対策事業債，退職手当債，減税補填債，臨時財政対策債などが導入されている。

　地方債計画は毎年，財政投融資計画とともに策定される。地方債の資金は，従来は政府資金（長期・低利）に依存していたが，次第に民間資金の比重が大きくなってきた。

　戦後，地方債は許可制度がとられ，長らく国の統制を受けてきた。地方分権改革を受けて，2006年度以降，地方債の許可制度が協議制へ移行した。自治体は国と協議のうえ，国の同意が得られた場合は地方債発行の際に国の財政措置を得られるが，国の同意を得ない場合でも地方債を発行することができる。

　地方債の発行が原則自由となったなかで，地方債の健全性は以下のように確保される。第1に，実質赤字比率（標準財政規模に対する実質赤字の比率）が高い団体や実質公債費比率（標準財政規模に対する実質的な公債費の比率）が高い団体には引き続き許可制度が適用される。第2に，自治体財政健全化法における健全化判断比率という指標が一定水準を超えて悪化した場合には，早期健全化段階および財政再生段階の2段階の国の統制を受ける。第3に，地方債は30年で償還しなければならないというルールがある。地方債発行によって調達した財源で整備される公共施設の耐用年数は鉄筋コンクリート造の場合で47年～50年であり，地方債償還が終わった後にも長く使うことが可能である。第4に，地方債償還に対する国の財源保障である。具体的には国の**地方財政計画**の歳出に公債費（地方債の元利償還金）を計上し，公債費を含む歳出を考慮して地方交付税総額を確保するとともに，個別の自治体の地方交付税算定において地方債の元利償還金の一部を算入している。

　以上のように，地方債は単なる借金ではなく，国の自治体に対する財源保障のしくみの一環として機能している。

3　日本の自治体の多様性と地方財政の役割

■ 日本の自治体の多様性と行政任務の広さ

　日本の自治体，特に市町村は住民生活の関わる多くの事務・サービスを担っている。日本には多様な規模の自治体が存在し，また都市や農山漁村，離島など地勢的・社会的条件も多様である。500人の山村でも10万人の都市でも小中学校，福祉，ごみ処理，道路などのインフラ，消防，防災など基本的な事務や公共サービスは同じように行わねばならない。それらの基本的な事務や公共サービスを行うためには自治体職員とともにお金が必要だ。

　市町村の規模や地理的条件，地域経済の状態は多様であり，大都市部に経済力が集中する一方，税源に乏しい農山漁村地域など**条件不利地域**が多く存在している。特に農山漁村の小規模自治体は，広いエリアに集落が分散しており，地方税等の自主財源に乏しく，住民1人当たり行政コストは高くなっている。

　では，なぜ日本では500人の山村から200万都市まで多様な自治体が存立でき，公共施設の整備や住民サービスを滞りなく提供できるのかといえば，それは地方財政制度が機能しているからである。

■ 多様な自治体を支える地方財政制度

　自治体の財源は主に地方税，地方交付税，国庫支出金（国庫補助負担金）および地方債からなる。なかでも自由に使える**一般財源**は主に地方税と地方交付税からなる。自治体が福祉，医療，教育，環境保全，地場産業振興などを通じて住民の生活権を保障するためには，**一般財源**がどうしても必要だ。しかし，各地域の経済状態の違いから自治体の課税力も異なるため，地方税だけでは必要な一般財源を確保できない自治体が多く存在する。実際，地方税のみで**一般財源**を確保できる自治体は全国の自治体の数パーセントにすぎない。そこで，地方税を補完して自治体の**一般財源**を保障する地方交付税が不可欠となる。財政需要と課税力の両方を考慮した地方交付税が小規模自治体や条件不利地域自治体の存立を保障する要の制度となっている。

　図15-4は2019年度における都道府県別の人口1人当たり**一般財源**（都道府県

図15- 4　都道府県別の１人当たり一般財源（都道府県分＋市町村分）

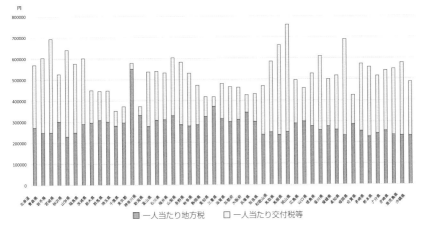

出所：2019年度地方財政統計年報より筆者作成。

分＋市町村分）を見たものである。１人当たり地方税は東京都が突出している
が，地方税と地方交付税等をあわせた１人当たり**一般財源**を見ると東北，北
陸，中四国・九州などの地方が大きい。このことは，地方における人口１人当
たりの財政需要が大きいことから地方交付税でカバーされていることを示して
いる。高齢化率の高さを反映して高齢者保健福祉費が高くなったり，広い面積
や地理的条件を反映して道路，橋梁等の社会資本関係経費が高くなったりする
傾向がある。また，小規模自治体が多いため，窓口業務などは人口１人当たり
行政経費が高くなる傾向にある。こうした実情は基準財政需要額を算定する際
に反映されている。

　地方交付税による一般財源保障とともに重要なのが，国庫補助負担金であ
る。国庫補助負担金は自治体の標準的な行政を確実に保障するための手段であ
る。自治体の事業は国庫補助負担金を使った補助事業と国庫補助負担金を使わ
ない地方単独事業に分かれる。経常的経費においても投資的経費においても補
助事業と単独事業がある。たとえば，条件不利な中山間地域において道路や河
川整備などを行うためにインフラ整備のための国庫負担金が役立っている。ま
た，生活保護費の４分の３は国の生活保護費国庫負担金でまかなわれている。

国庫負担をともなう自治体の事業・サービスにおいて国庫負担でまかなう分以外は主に自治体の負担となる。たとえば生活保護費の4分の1は自治体負担であるが，その分は地方交付税における基準財政需要額で算定されるので，地方税だけでまかなえない場合でも財源が確保される。このように，地方交付税による一般財源保障システムと国庫補助負担金による特定財源保障システムの2つの自治体財源保障システムが相互補完しながら機能している。

　投資的経費における補助事業では，国庫補助負担金の裏負担分については，**一般財源**とともに地方債を充てることが多い。地方債は後年度に元利償還を行う必要があり，結局は自治体の一般財源によって償還しなければならない。

■ 地方財政制度のあり方を考える

　以上のように，地方財政計画をはじめとする日本の地方財政制度は，一面では中央集権制が強く，自治体の**財政自主権**はかなり制約を受けている。ただし，その反面では，地方財政制度は，国土の多様な地勢的・社会的条件のなかで歴史的に形成されてきた多様な規模と経済的条件を持つ自治体が存立し，標準的な行政サービスやインフラ整備を行うことを保障するための制度として機能してきた。また，中央集権制が強いといわれながら，日本の自治体はその権限を活かして独自性を発揮している点も見なければならない。

　地方財政制度のあり方を考える際，地方分権を進め，行財政自主権の拡充を図るとともに，**ナショナルミニマム**（国民的最低必要行政水準）を保障し，その水準を高めていく課題を同時に追求していくことが考慮されねばならない。

　自治体が地域共同需要を充たすためには自主財源の充実が重要であり，そのためには**課税自主権**の確立が不可欠である。それとともに，自治体による基礎的・普遍的サービスの水準を引き上げる国民合意がなされるならば，地方税の標準税率そのものを引き上げることも選択肢の1つとなろう。

　国庫補助負担金は使途が限定される制度であり，国が自治体を統制する手段として機能してきた。そのため，地方自治拡充の立場からは国庫補助負担金をできるだけ廃止して，一般財源化（地方交付税の基準財政需要額に算入）すべきということになる。一方で，義務教育や社会保障関係の経常的経費に対する国庫負担金は，**ナショナルミニマム**（国民的最低必要行政水準）の確保のための国家

責任に関わるものとして必要性が強調されてきた。また，投資的経費においても，義務教育施設や社会福祉施設など，ナショナルミニマムに関わる経費に対する国庫負担金や災害関係の国庫負担金も正当化されてきた。国庫補助負担金のあり方は，基本的人権保障を根拠としたナショナルミニマムの確保の観点と，地方自治拡充の観点の双方から総合的に判断する必要があろう。

　地方交付税制度は多様な規模と条件を有する自治体に対して財源保障を行うため，かなり複雑な制度になっており，簡素化すべきとの意見もある。しかし，地方交付税制度の基本的な枠組みは十分に理解可能であり，その制度改善にあたっては，自治体財源保障に資するものであることが求められよう。

　地方債については，自治体の**財政自主権**拡充の観点からいえば，さらなる自由化が課題となるが，それには地方債および自治体財政の健全性の確保を見据えて漸進的な改革が求められよう。

☑ 調べてみよう・考えてみよう

① 国家財政と自治体の財政のつながりの要をなす地方財政計画について，ここ10年間の推移を調べてみよう。

② 自治体の一般財源を保障する地方交付税と，自治体の特定財源を保障する国庫支出金（国庫補助負担金）について，今後はどちらをより重視すべきか考えてみよう。

③ 都市住民が負担する所得税などの国税が地方交付税をつうじて農村部に移転されているのは不公平であるという意見について考えてみよう。

📖 おすすめ文献

① 重森暁・植田和弘編，2013，『BASIC 地方財政論』有斐閣.
　　さらなる学習には地方財政論のテキストを読む必要があるが，本書によって制度・歴史・現状について一通りの知識を得ることができる。

② 宮本憲一，2016，『増補版 日本の地方自治─その歴史と未来』自治体研究社.
　　本書は著名な財政学者である著者による日本の地方自治の歴史の概説書である。内容は深いが口語調で読みやすい。

③ 平岡和久，2020，『人口減少と危機のなかの地方行財政』自治体研究社.
　　本書は近年の国による地方財政改革とそのなかでの地方行財政の実態や課題について検討している。

【平岡和久】

第16章

住民が望む政策にお金を回すには？

──自治体財政を知る──

1 自治体のしごととお金の読み方

■ 自治体の収入と支出

　自治体のしごとにはどれほどのお金がかかっているのであろうか。保育所や子育て支援のように住民が望む政策にも，あるいは住民が望まない政策にも，ほとんどの政策にはお金がかかる。「ゼロ予算事業」といって，自治体職員自らお金をかけずに取り組む政策もあるが，それとて自治体職員の人件費がかかる。

　例として，兵庫県西宮市の財政を見よう。自治体の収入を歳入，支出を歳出と呼ぶ。西宮市の2020年度決算カード（西宮市あるいは総務省のウェブサイトでダウンロード可能）を見ると，**普通会計**（一般会計＋α）の歳入総額は約2393億円，歳出総額は約2343億円となっている。

　歳入の内訳を見ると，額の大きい項目順に地方税が約877億円（36.6％），国庫支出金が約879億円（36.7％），地方債が約156億円（6.5％），諸収入（中小企業等への貸付金の回収分など）が約99億円（4.1％），地方交付税が約28億円（1.2％）などとなっている（**図16-1**）。

　歳出の目的別の内訳を見ると，額の大きい項目順に民生費（生活保護や児童福祉など社会福祉関係の経費）が約822億円（35.1％），総務費が691億円（29.5％），教育費（市立小中学校費など）が約276億円（11.8％），衛生費が162億円（6.9％），土木費（道路，橋梁，公園などのインフラ・公共施設の整備費）が約149億円（6.4％），公債費（借金の返済）が約144億円（6.1％）などとなっている（**図16-2**）。なお，歳入内訳や歳出内訳の割合は自治体によって異なることに留意してほしい。

図16-1　西宮市普通会計決算における歳入内訳（2020年度）

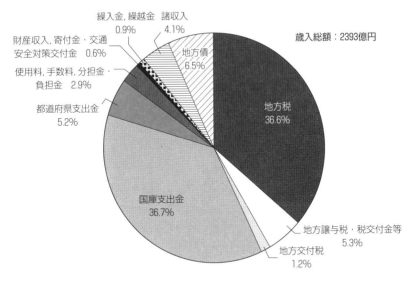

出所：西宮市決算カード（2020年度）より筆者作成。

図16-2　西宮市普通会計決算における目的別歳出内訳（2020年度）

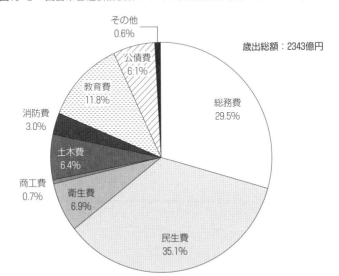

出所：西宮市決算カード（2020年度）より筆者作成。

　以上のような自治体の歳入と歳出の概要は，多くの自治体の広報誌に掲載されている。ただし，これを見るだけでは自治体財政のイメージを持つことは難しい。

■ 自治体のサービスと経費・財源

　自治体財政の中身をより具体的に理解するには，自治体の個々のサービスにどのくらいのお金がかかっているかを見るとよい。西宮市のケースでは事務事業評価シートをウェブサイトで公表しており，誰でも見ることができるので，これを手がかりにしよう。西宮市は2020年度に462の事務事業評価を実施しており，それぞれの事務事業の経費と財源の内訳がわかるようになっている。

　たとえば，家庭ごみ（じんかい）の収集事務を見よう。家庭ごみを住民の責任のみで処理するのは困難であるため，自治体が収集し，処理を行わなければならない。西宮市のじんかい収集事務の2020年度年間経費は約20.6億円であり，そのうち正規職員の人件費が約7.8億円，事業費が約12.8億円，うち1億円は会計年度任用職員の人件費である。それ以外の事業費の大半は委託料であるとおもわれる。じんかい収集経費において人件費が多いことから，西宮市のじんかい収集が市の清掃局職員によって直接担われている面が大きいことがわかる。家庭じんかい収集経費の財源を見ると，そのほとんどは市の**一般財源**19.9億円（市税・地方交付税などからなる市の裁量で自由に使える財源）であり，その他の財源（受益者負担等）は0.7億円のみである。このことから，住民の家庭ごみ（じんかい）の収集には住民が主に負担する市税等の**一般財源**が住民1人当たり約4255円使われていることになる（表16-1）。

　次に，「児童館管理運営事業」を見よう。この事業は市の児童館の運営・管理の委託や社会福祉法人等が実施する学童保育所・地域学童クラブの運営・管理費の補助を行うものである。なかでも学童保育所・地域学童クラブは，昼間留守にする家庭の小学生の生活の場を放課後に提供するものであり，共働き家庭にとって不可欠なサービスである。本事業の2015年度年間経費は約2.4億円であり，そのうち正規職員の人件費は0.2億円のみであり，経費の大半は事業費2.2億円となっている。事業費のうち1.2億円は会計年度任用職員の人件費となっている。財源は国・府補助金が11.5億円，市の**一般財源**が22.7億円となっ

表16-1　西宮市における家庭ごみ（じんかい）収集事務および児童館管理事業の経費と財源

（2020年度決算）

	年間経費				財　源			
	正規職員	事業費	事業費のうち会計年度任用職員人件費	計	国・県支出金	市一般財源	その他（受益者負担等）	計
じんかい収集	7.8億円	12.8億円	1.0億円	20.6億円	0.0億円	19.9億円	0.7億円	20.6億円
児童館管理運営	0.2億円	2.2億円	1.2億円	2.4億円	0.3億円	2.1億円	0.0億円	2.4億円

（注）四捨五入の関係から合計額と内訳が一致しない場合がある。
出所：令和3年度西宮市事務事業評価シートより筆者作成。

ている。西宮市として受益者負担金はとっていない。本事業に対する市の**一般財源**は住民1人当たり約488円使われていることになる。

■ **保育所サービスのお金**

　さらに具体的な財政の姿について，保育所を例に見よう。西宮市が公表している2020年度分の事務事業評価シートを見ると，西宮市には市立保育所が23か所あり，定員は2300人である。2020年度の年間経費は約49.9億円であり，そのうち正規職員の人件費が約29.5億円，事業費が約20.4億円となっている。事業費のうち会計年度任用職員の人件費が14.1億円となっている。公立保育所に対する国庫負担金が廃止されたため，その財源の大半は市の**一般財源**45.8億円であり，その他（保育料など受益者負担等）は約3.9億円である。市が負担する**一般財源**は主に地方税と地方交付税からなる。

　子ども・子育て支援新制度にもとづき民間保育所・地域型保育・認定こども園・私立幼稚園（新制度適用園）については，市町村が公定価格にもとづく委託費を払うとともに，一定の補助を行っている。その財源のうち最も大きいのが国庫支出金である（表16-2）。

　その他，地域型保育事業（小規模保育所，家庭的保育，事業所内保育所など）や病児保育事業などに対する委託費の支給や補助を行っている。

表16-2　西宮市における保育所等の経費と財源

(2020年度決算)

事業の概要		年間経費				財源			
		正規職員人件費	事業費	事業費のうち会計年度任用職員人件費	計	国・県支出金	市一般財源	その他(受益者負担等)	計
公立保育所管理運営	市が公立保育所を設置，運営	29.5億円	20.4億円	14.1億円	49.9億円	0.3億円	45.8億円	3.9億円	49.9億円
民間保育所給付金	公定価格に基づき要した費用を民間保育所に支給・補助	0.3億円	35.7億円	0.0億円	36.0億円	20.8億円	11.5億円	3.7億円	36.0億円
認定こども園給付等	公定価格に基づき要した費用を認定こども園に支給・補助	0.1億円	44.0億円	0.0億円	44.1億円	31.4億円	12.7億円	―	44.1億円
私立幼稚園給付等	公定価格に基づき要した費用を私立幼稚園に支給・補助	0.0億円	3.8億円	0.0億円	3.9億円	2.5億円	1.4億円	―	3.9億円

出所：令和3年度西宮市事務事業評価シートより筆者作成。

　なお，保育料等は市町村が徴収しているが，2019年10月から国が幼児教育・保育無償化を行ったことから3歳児以上は無償となった。そこで，市から私立幼稚園等に対して幼児教育・保育の無償化に係る施設等の利用費の支給を行っている。

　以上，ごみ収集，学童保育，保育所を例に自治体財政を見たが，そのなかで，市税，地方交付税，国庫負担金といった地方財政のしくみが大きく関わっていることがわかる。

■　保育所を運営するためのお金はどこから用立てる？

　自治体の保育所関係の経費と財政構成を例として見たが，国が負担するお金はどのようなしくみで決まっているのかが疑問として残るであろう。保育所を支えるためのお金を用立てるための国の保育所制度と地方財政のしくみに立ち入ってみる。

　保育所制度は近年大きな制度改革が行われており，まずはそのことを理解する必要がある。子ども・子育て支援新制度が2015年度からスタートし，これまでばらばらであった保育所，認定こども園，幼稚園の制度を一貫した制

図16-3　子ども・子育て支援新制度と施設型給付・地域型給付の概要

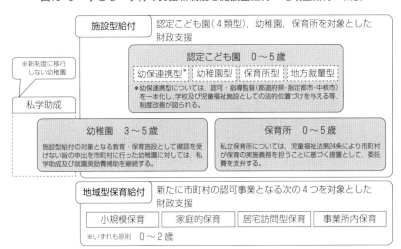

度である施設型給付として整理した。従来の保育所運営費は公定価格と呼ぶことになり，公定価格から利用者負担を差し引いた分を施設型給付と呼ぶことになった。その他，新たに小規模保育や事業所内保育などの市町村の認可事業に対する国の財政支援が行われ，地域型保育給付と呼ばれることになった（図16-3）。

　保育所は子ども・子育て支援新制度において施設型給付の1つとして位置づけられている。公立保育所と私立保育所を分けて整理すると，まず私立保育所に対しては自治体から委託料を支払うことになる。この点は改革前と同じである。自治体は保育の実施義務を担い，私立保育所（認可保育所）の運営費に対しては市町村から委託費が支払われ，保育料の徴収も市町村が行っている。委託料は公定価格に相当し，施設型給付と保育料の合計と一致する。委託費のうち施設型給付費分の財源は国が2分の1，都道府県4分の1，市町村4分の1となっている。保育給付費に関する国庫負担金のもとになる公定価格は，地域区分ごと，定員区分ごと，認定区分ごと，乳児，1・2歳児，3歳児，4歳児以上という年齢区分ごとの単価が定められており，それらによって算出される基本額に各種の加算を行って決定される。施設型給付における都道府県および

図16-4　幼児教育・保育の無償化の具体的なイメージ（例）

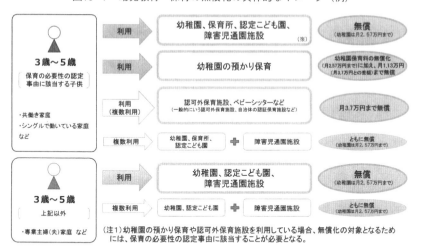

出所：厚労省資料。

市町村の法定負担分は地方交付税による財源保障の対象となっている。

　市町村営の公立保育所はどうか。市町村営の保育所の運営費が私立保育所と異なるのは，委託費の形態をとらないことと，公立保育所の施設型給付については国庫負担金および都道府県負担金がなく，市町村の**一般財源**でまかなうことである。ただし，施設型給付の市町村負担額は地方交付税において算定される。

　なお，先に述べたように2019年10月より幼児教育・保育の「無償化」が行われた。「無償化」の財源は，公立施設（地域我や保育事業を除く）については市区町村が全額負担し，その分は地方交付税で算定され，財源保障される。私立施設（認可外施設を含む）の費用負担は国1／2，都道府県1／4，市町村1／4の割合となっている（図16-4）。

■ 保育所の制度と財源をなぜ国が定めているのか

　先に見たように保育所の制度と財源は少し複雑なしくみからなっている。国

が保育所制度を整備し，自治体に保育の実施義務を課すとともに，保育所運営費に対する国基準を定める理由は何であろうか。それは，働きながら子育てを行う環境のもとで，乳幼児期の子どもの生活と権利を保障することが国の責任として求められ，国と自治体が保育を必要とする子どもに保育を実施する責任があるからである。乳幼児の発達を保障するためには，国が施設環境，人員，運営の最低基準（ナショナルミニマム）を定め，守らせることが必要である。保育のナショナルミニマムのうち，施設環境面では，居室床面積の最低基準（0歳〜1歳でほふく室の面積子ども1人当たり3.3㎡など）などが重要である。また，人員面では，保育所は保育士，嘱託医および調理員を配置しなければならない。なかでも保育士は，0歳児おおむね3人につき1人，1，2歳児おおむね6人につき1人を配置しなければならない，などと定められている。このような基準をもとに保育給付費に関する国庫負担金のもとになる公定価格が算定されているのである。

　ただし，国の定めた最低基準に対して，子どもの発達保障の観点から不十分であり，拡充すべきだという批判がある。また，国の最低基準が不十分ななかで，自治体は独自財源（一般財源）を使って国基準より手厚い保育士の配置を行うなどしているのが実情である。言い換えれば，自治体が市民のニーズや声をどう反映し，保育をどう充実させるかが問われているのである。

2　自治体のしごとと「サイフ」

■ 予算によって住民が自治体をコントロール

　以上，西宮市を事例に自治体のしごとにどれくらいのお金がかかり，その財源をどうまかなっているかについて，保育所等を例に見てきた。

　自治体に対して住民が望む政策を実現するためには，ほとんどの場合，お金が必要である。自治体のあり方を住民が決めることを住民自治という。住民自治の原則からすれば，自治体のお金についても当然，住民が決めることになる。

　自治体においては，間接民主主義とともに直接民主主義のしくみによって住民が財政をコントロールするしくみがある。**住民監査請求や住民訴訟**がそれで

ある。また，海外に目を向ければ，自治体財政への本格的な住民参加のしくみ
を独自に導入するケースもある。たとえば，ブラジルのポルト・アレグレ市の
参加型予算は，16の地区において住民参加による予算決定のしくみとして知ら
れている。しかしながら，日本においては，自治体財政への本格的な住民参加
制度導入が存在するとはいえず，今後の課題となっている。

　住民自治の原則からすれば，自治体の「サイフ」は住民の「サイフ」でなけ
ればならない。しかし，実際には住民が自分のサイフと同じように自治体財政
を自分たちの共通の「サイフ」として常に意識することは難しい。そのため，
自治体財政に住民が関心を持ち続け，関わっていくためには自治体のお金の調
達と使途のしくみの学習が不可欠である。

　予算とは，自治体の計画的活動を保障するために必要な支出の内訳と，支出
をまかなうための財源をまとめたものである。住民が自治体をコントロールす
るために重要なのが予算のコントロールである。主として住民による予算のコ
ントロール，民主主義を保障するために予算原則として主に以下の5つがあげ
られる。

①　公開の原則。予算の内容は住民，議会に公開されなければならない。予算内容は
　　明瞭で，住民が理解できるものでなければならない。
②　総計予算主義の原則。すべての歳入・歳出を予算に計上しなければならない。
③　単一の原則。ノン・アフェクタシオン原則ともいい，特定の収入を特定の歳出に
　　充てないことを指す。
④　限定性の原則。会計年度独立の原則，超過支出禁止，流用禁止などからなる。会
　　計年度独立性の原則によって，基本的に1年間の予算が組まれる。
⑤　事前承認の原則。予算案は議会の議決を経たのちに執行しなければならない。

　以上の5つの原則は民主主義を保障するために重要であるが，自治体行政の
範囲が拡大するなかで，自治体財政の内容は複雑になっているため，実際の予
算は予算原則から大きく乖離している実情がある。たとえば，単一の原則に反
して公営企業や介護保険事業の会計など複数の特別会計が設定されており，会
計年度独立の原則に反して，年度を超える支出として普通建設事業等において
継続費，繰越明許費が認められ，事前承認の原則に反して，緊急時の首長によ
る専決処分（議会に諮らずに予算を執行）が認められるといったことがある。

■ 予算のしくみ

　自治体の予算は一般会計と特別会計に分かれる。一般会計は１つであり，主に税を財源として公共サービスや公共施設の整備をまかなっている。その主な歳入は地方税，国庫支出金，地方交付税，地方債であるが，それらも最終的には国税・地方税といった税が原資となる。特別会計は複数あり，国民健康保険事業会計・介護保険事業会計などの保険会計や，水道事業会計・下水道事業会計，病院事業会計などの公営企業会計が含まれる。保険会計の財源は保険料，受益者負担と税（実際には国庫負担金および自治体一般会計からの繰入）であり，公営企業会計の財源は事業収入，税（実際には国庫負担金および一般会計からの繰入）および企業債である。

　なお，一般会計・特別会計という種類分けの他に普通会計という区分がある。自治体によってはさまざまな特別会計を設定しているケースがあり，それらを一般会計とあわせて見なければ自治体間の正しい比較ができないことから，総務省が決算統計上の共通の枠組みとして普通会計を設定しているのである。なお，特別会計のうち公営企業については，公営企業年鑑において，全自治体の公営企業会計の決算データが公表されており，これも総務省のウェブサイトで見ることができる。

　また，予算は一会計年度を通して不変ではなく，会計年度内に変更される。その場合，年度始まりまでに成立する予算を当初予算と呼ぶ。年度途中で当初予算の内容を変更する場合，議会の承認を得なければならない。当初予算の内容を変更した予算を補正予算と呼ぶ。

　毎年度の自治体予算は，予算編成→予算審議・議決→予算執行→監査・決算というサイクル（予算循環）をとる。ある年度の予算は前年度の予算編成から始まり，前年度末までに議会で審議・議決された後に，当該年度の予算として執行される。さらに年度が終了すれば，翌年度に出納整理の後に決算過程に入り，まとめた決算は監査を受けたうえで議会で審議される。つまり，１サイクルに３年間を要するのであり，見方を変えれば，ある年度においては，前年度予算の決算過程と当該年度予算の執行過程と翌年度予算の編成過程の３つが同時進行していることになる。

　予算編成過程では，経済情勢，国の予算，**地方財政計画**などの情報把握のう

えで，まず首長の政策方針のもとで財政担当部局による予算編成方針が策定される。予算編成においては通常，経常的経費と政策的経費に分けられる。経常的経費については各事務事業担当部課で前年度予算をもとに計数的に整理されたうえで財政担当課に集約され，政策的経費については総合計画や首長のマニフェスト等を反映した各部課からの予算要求をもとに財政担当課が査定する。査定の過程において，財政担当課は各部課に対するヒアリングを行う。なかでも首長マニフェスト等の高度な政策的判断が必要な経費については部長査定を経て首長査定によって最終調整される場合もある。

　以上の予算プロセスにおいて，住民ニーズが予算に反映されなければならない。そのためには住民による自治体財政の学習と参加のしくみが求められる。

3　自治体の「サイフ」の大きさと中身はどう決める？

■ 財政における「量出制入」の原則とは？

　財政のあり方には，民間部門とは異なる原理が働く。家計や企業経営の原則は「**量入制出**（入るを量って，出を制す）」であるのに対して，財政の原則は「**量出制入**（出を量って，入るを制す）」である。財政においては，公共部門が供給すべきサービスやインフラ整備との公共支出の必要度をまず量り，そのために必要な財源の規模を決めたうえで，財源調達のための税制や税率を設定するのが基本となる。

　公共サービスや公共施設の必要性についての合意は政治の動向に左右されるとともに，時代によって変化する。国民・住民が税負担による公共サービスを望まない場合，そのサービスは自己責任でまかなわねばならない。たとえば，自治体によるごみ収集サービスは主に税でまかなわれるが，国民・住民が税負担を行ってまでごみ収集サービスを望まないとすれば，住民自身の責任でごみ集積場に搬入しなければならないことになる。また，小学生を放課後に預かる学童保育（放課後児童クラブ）は，かつては公共サービスではなく，保護者が集まって自ら運営していた。しかし，今日では学童保育の公共性が認められるようになり，公共サービスとして放課後児童クラブが位置づけられるようになった。

　また，公共サービスとして自治体が供給する場合でも，基礎的・普遍的サービスとして無償提供するものとして位置づけるか，選択的サービスとして，場合によっては受益者負担を入れながら提供するのかという問題がある。義務教育や家庭ごみ収集など，共同消費性が強く，基本的人権保障が重視され，かつ必需性が強いサービスについては，基礎的・普遍的サービスとして無償供給するのが望ましい。また，かつての民主党政権下で打ち出された高校実質無償化政策は，義務教育のみならず高校についても基礎的・普遍的サービスとして無償提供するという考え方にもとづいている。

　現在，多くの自治体がとっている子どもの医療費無料化政策も子どもの医療サービスを基礎的・普遍的サービスとして位置づけたものと考えることができる。公共サービスを基礎的・普遍的サービスとして供給するには多額の財源が必要であり，そのためには国税・地方税の負担が大きくなる。それと同時に，国民・住民の自己責任による負担は小さくなり，国民・住民間の格差是正にもつながることを知っておく必要がある。

　公共サービスの範囲やそのあり方について決める際に，住民は公共サービスの特質と財政のあり方についての基礎的な知識を持ったうえで，住民の「サイフ」のあり方について熟慮と熟議を行う必要がある。

■ 大きい政府か小さい政府か

　住民にとって大切なことは，日本の国・地方財政がどの程度の水準で住民の生活権を保障し，地域社会の維持のために機能しているかである。そのことを考える際にヒントになるのが欧米との比較である。日本の財政は支出面を見ると，社会保険が発達していることを反映してフランス・ドイツとともに社会保障基金の割合が大きく，また中央政府に比べて地方政府の割合が大きい。それに対して，税方式を中心とするスウェーデンやイギリスは中央・地方政府をあわせた割合が大きいが，なかでもスウェーデンは地方政府の割合が大きく，イギリスは中央政府の割合が大きい。

　日本の国・地方財政のあり方を考える際，社会保険方式を拡充していくのか，それとも税によって基礎的・普遍的サービスを供給する方式をとるのかという論点がある。また，税方式をとる場合，北欧のような国民の連帯による**分**

権型福祉国家をめざすのであれば，基礎的・普遍的サービスの財源を得るための国・地方を通じた増税に対する合意が必要となる。また，AI，IoT などに見られる新たな産業革命が進むなかで法人への所得集中がますます進むとすれば，法人に集中した富を再分配するための法人課税のあり方も重要となってこよう。

■ どのような経済社会をめざすのか

　財政は手段であって目的ではない。社会統制，政策実現の手段としての財政の役割を考慮すれば，どのような社会をめざすのかが重要である。たとえば，日米安全保障条約のもとで，米軍基地の大半を沖縄県に押しつけ続ける政策をとるのであれば，基地交付金などの基地維持のための財政制度を継続することになる。反対に，基地のない地域経済社会の**内発的発展**をめざすのであれば，基地維持のための財政制度を見直す必要があろう。このことは原発にも当てはまる。電源三法交付金，核燃料税および固定資産税が原発立地自治体への強いインセンティブを提供してきたが，脱原発をめざすのであれば，原発財政のあり方も大きく見直す必要があろう。また，災害復興のあり方にも財政制度が大きく関係している。なかでも**東日本大震災**に対して導入された復興交付金は復興のまちづくりに不可欠な財源措置であるが，同時に投資的経費中心の特定補助金としての性格が強く，長期的な地域の持続可能性の観点から見れば大きな問題をもたらしている。

　日本社会はいま，人口減少の波にさらされており，今後数十年間，人口減少が続くことになる。そのなかで，東京一極集中が続くならば，大半の地域で人口減少が継続し，地域社会の維持にとって深刻な影響が予想される。人口減少問題に対して，**地方創生政策**が打ち出され，自治体の人口の自然増・社会増をめざす取り組みや，人口減少に対応した地域再編，公共施設再編を含む行財政の合理化への財政支援が行われている。しかし，国による結婚・出産・子育てに対する抜本的な財政支援は行われておらず，また非正規労働と所得格差問題への対策もきわめて不十分なままでは，**地方創生政策**は失敗に終わる可能性が高い。人口減少社会問題に対して，どのような社会をめざすのか，また，そのための財政のあり方について，国民的議論が必要であろう。

　財政を議論する際に必ず問題になるのは，日本の国・地方を通じた膨大な長期債務ストックとフローの財政赤字である。財政赤字問題を考える際に，まず認識すべきは，財政赤字は社会のあり方の表れであることだ。めざすべき社会のあり方やそのための財政のあり方についての議論抜きに財政赤字問題だけを議論すべきではない。社会保障・福祉・教育によるセーフティネットと再分配によって，人間の能力を高め，発揮できる社会をどうつくるか。また，平和・環境・エネルギーの面での持続可能な社会を地域の**内発的発展**とともにどうつくっていくか。そのために財政をどうあるべきかという議論のなかで財政の健全性について検討する必要があろう。

☑ 調べてみよう・考えてみよう

① 自分が住んでいる自治体や関心のある自治体の決算カードを10年間分ダウンロードし，時系列データをグラフ化してみよう。また，近隣の自治体と比較してみよう。

② 自分が住んでいる自治体や関心のある自治体の事務事業のなかから関心のあるものについて，住民一人当たりの経費を計算するとともに財源の内訳を調べてみよう。

③ 自分の住んでいる自治体や関心のある自治体において拡充すべき施策や新たに導入すべき施策はあるだろうか。また，それをまかなうための課税自主権の発揮について考えてみよう。

📖 おすすめ文献

① 遠藤宏一，2010，『地域調査から自治体政策づくりへ』自治体研究社.
　　市民が自治体づくりに参加するには，財政の知識を含む総合的な地域分析・自治体分析の知識を身につけることが必要である。本書は自治体財政分析を含む著者の長年にわたる地域調査のノウハウをわかりやすくまとめたものである。

② 大和田一紘，2016，『四訂版 習うより慣れろの市町村財政分析』自治体研究社.
　　決算カードの読み方を丁寧に解説しており，初学者でもエクセルを使った自治体財政分析の基礎をマスターできる。

③ 川瀬光義，2013，『基地維持政策と財政』日本経済評論社.
　　本書は初学者には少し難しい専門書であるが，沖縄の基地と財政をめぐる問題を総合的かつ詳細に分析しており，地方財政の役割とは何かを考えさせてくれる。

【平岡和久】

第17章

国と自治体が対等になった？

──地方分権改革の意味──

1 集権から分権へ

■ 地方自治の2つの原理

　ここまで第Ⅲ部「地方自治のしくみ」で見てきたのは，自治体において，政策がどのようなプロセスをたどって実現し，また見直されるかであった。当たり前のようだが，そのように自治体の中で政策を立案できるのは，自治体が1つの政治的単位であることを意味している。一定の地理的な範囲があって，メンバーシップをもち，拘束力のある決定をおこない，決定を実施することができる単位である。このように，そもそものところから考えれば，自治体にも国と共通する性質があることがわかる。

　しかしながら，自治体は国の中の一部分でもあるので，自治体が政策立案する事柄には，国とのすみ分けが必要となる。たとえば防衛や通貨管理などは，自治体の仕事ではなさそうだと，容易に見当がつく。つまり，1つの国のなかで大きさの異なる単位が重なって層になっている場合には，それら単位の間の関係性が，重要な政治テーマになる。

　ここから本章で考えるのは，この政治単位の間の関係性というテーマである。それは，自治体の側から見ると，「団体自治がどのように保障されているか」という問いになる。

　「団体自治」という言葉は，あまり耳慣れないかもしれない。政治学の世界ではしばしば，地方自治を原理的に分節化して，**団体自治**と**住民自治**とに区別する。区別することで，考えるべきポイントが見やすくなるためだ。団体自治とは，自治体が国などから自律して政策決定することを意味する。他方，住民

自治とは，自治体内の決定が住民の意思にもとづくことを意味する。こうして
みると，確かにこの2つは別の原理だとわかるし，また，それぞれに焦点をあ
てて見直すことで，地方自治が深化することもわかる。

　団体自治と住民自治という概念を手に入れると，ここまでの第Ⅲ部で見てき
たのは，住民自治の実際のありようだったことに気がつくかもしれない。では
ここからは，団体自治のありようについて見ていくことにしよう。日本におけ
る団体自治は，現在，どのようになっているだろうか。自治体が国などから自律
して自律的に「決められる範囲」は，いったいどのくらいあるのだろうか。

■　3層の政府の関係変化

　まず確認しておくと，日本には3層の政治の単位がある（より詳しくは⇒第
18章）。面積が大きい順に，国・都道府県・市区町村であり，それぞれの数は，
1・47・1741である（2022年8月現在）。市区町村を**基礎自治体**といい，都道府
県を**広域自治体**という。

　この3層の単位で，「決められる範囲」＝権限が配分される。国が一律に決
める範囲が大きい場合は，**集権**的だと呼ばれる。逆に，自治体が各々で決める
範囲が大きい場合は，**分権**的だと呼ばれる。日本はどちらだろうか。

　仕事量でいうなら，日本の自治体は以前から，国よりもたくさんの仕事をし
ていた。国中で集めた税金の6割から7割を使って政策を実施してきたのは，
自治体であった。他の先進国と比べても，自治体の役割が大きい国だといえ
る。しかし，その自治体の仕事が，仮に国からの「やらされ仕事」であるなら
ば，すなわち国の政策の実施を定型業務として多く担っているのであれば，分
権的とは言わない。これまで長らく自治体にはこの「やらされ仕事」がたくさ
んあったため，概して日本は集権的であると理解されてきた。

　ところが1990年代にはいると，日本は分権に向けて急速にシフトした。**地方
分権改革**が本格化して，現在もなお，改革は続いているのである。

■　事例　千葉県我孫子市　介護保険制度における要介護認定の独自指針

　とは言っても，わたしたち生活者の目線からすると，集権から分権に変わる
と言われたところで，「だから何？」という感じがするかもしれない。そこで，

まず分権改革について大まかなイメージをつかむために，ひとつ事例を紹介ししよう。千葉県我孫子市の事例である。

　介護保険という制度については聞いたことがあると思う。高齢化で介護を必要とする人の数が増えて，介護の期間も長くなるなかで，介護する側の家族も高齢者であったり，介護のために仕事を辞めなければならなかったりという困難が広がったために，社会全体で介護をサポートするしくみをつくったのだ。2000年の4月から，保険料と税金，それに一定の自己負担額を組み合わせることで，在宅での訪問介護や施設でのデイサービスなどが受けられるようになった。利用者が申請すれば，どのくらいの介護が必要であるかが5段階で判定され（要介護認定という），それによって受けられるサービスは違ってくる。さて，この要介護認定をめぐって起きた小さな事件が，近年，自治体と国との関係が変化したことをあざやかに感じさせるものだったのである。

　介護保険がスタートした当時，国の厚生省（現在の厚生労働省）が自治体に配ったコンピュータ・ソフトを使って要介護度の1次判定をすると，どんなに認知症が進んでいても体が元気であれば，5段階のうち一番軽い1にしかならなかった。厚生省は，施設に入所する高齢者のデータを用いてソフトを開発したため，寝たきりかどうかといった身体の介護が重視されたのだという。しかし，家庭で介護する場合には，体は元気でも認知症が進んでいて，昼夜逆転して夜に徘徊する人を介護するようなケースも，24時間の見守りを必要とするためにたいへんとなる。そこで千葉県の我孫子市は，高齢者に認知症があって一定の要件に当てはまる場合，コンピュータ判定が1であっても3と出たことにして2次判定の議論を始めるという独自の指針をつくった。

　ところが，このことがマスコミに報じられると，厚生省は我孫子市の担当者を呼び出して独自指針を撤回するよう求めた。あわせて「関東のある市」がしていることは不適切であるから，あなたの管轄内の市町村がそのようなことをしないよう指導しなさいと，全国の都道府県に対して文書を送ったのである。我孫子市の職員の大半は，国に対しては独自指針を撤回したということにしておいて，実際の要介護認定は独自指針で運用すればよいのではないかという意見であったが，市長は引き下がらなかった。市長は独自指針の必要性を，マスコミも連れて国に説明に行き，それを変えるつもりはないと主張した。我孫子

市には多くの応援の電話やメールが，厚生省には多くの抗議のそれらが寄せられた。最終的に国は，我孫子市が我孫子市の指針で要介護認定することは間違っていないという内容の通知を全国に出しなおした。異例の対応をとったのである（福嶋 2014）。

　さて，どうだろうか。集権から分権に変わるとは，このようにそれぞれの自治体で独自に判断できる範囲が広がるということである。権限の配分というテーマは，3層の政府と政府の間の話なので，わたしたちからは縁遠いように思われる。でも，この事例が示すように，自治体の判断で介護や保育のような身近な行政サービスの質を変えられるかもしれないと思えば，権限の配分というテーマも，少し身近に感じられないだろうか。

2 「決められる範囲」はどのくらいか

■ 国と自治体の役割分担

　それでは，自治体が「決められる範囲」について詳しく見ていこう。国と自治体の権限配分のような，地方自治に関する基本的な事柄は，**地方自治法**で定められている。第二次世界大戦後，日本国憲法と同じ日に施行された地方自治法は，半世紀が過ぎた99年に**地方分権一括法**によって大幅改正された。

　あたらしい地方自治法では，国と自治体の役割分担について，国は，国際社会における国家としての存立にかかわること等の，国が本来果たすべき役割を重点的に担い，住民に身近な行政はできる限り自治体にゆだねる，という原則が定められた。

■ 権限配分の仕組み①　事務区分

　この役割分担の原則にしたがって，自治体の仕事には新しい事務区分がつくられた。事務区分とは，自治体の担う多様な仕事をすべて一定の基準で分類するものであり，まずは区分そのものの性格づけによって，そして仕事がどの区分に入るかによって，自治体の「決められる範囲」＝権限の大きさが変わる。新しい地方自治法では，自治体の仕事は，**法定受託事務**と**自治事務**の二つに区分されている（図17-1）。

図17-1　事務区分と法律の義務づけ・枠づけ

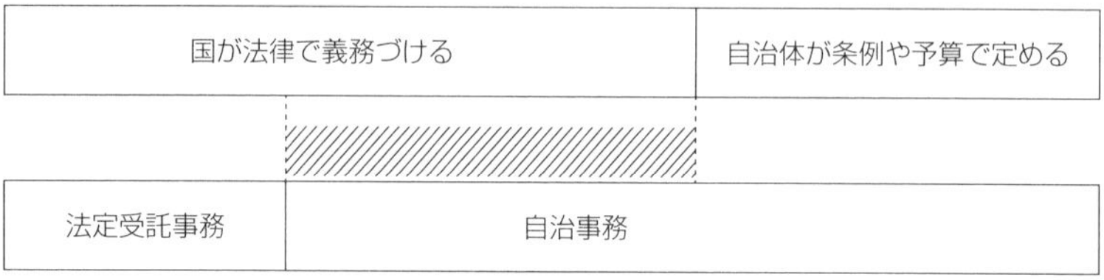

国が法律で義務づける	自治体が条例や予算で定める

法定受託事務	自治事務

出所：筆者作成。

　法定受託事務の性格づけは，「本来国が果たすべき役割に係る事務」というものである。このなかには，パスポートの発給といった国の役割だとわかりやすい仕事もあるが，他にも生活保護や産業廃棄物処理施設の設置許可など，結構いろいろな仕事が含まれている（地方自治法の「別表」で検索してみよう）。もっとも，それらが「本来国が果たすべき役割」にあたる仕事だというなら，国が出先機関を置いて直接やればよいではないかという考え方もありうるが，日本ではそうせずに，国の政策を自治体に実施してもらう手法が多く用いられてきた（**分離型**と対比して**融合型**と呼ばれる）。

　だが，この自治体にやってもらう方式をとると，自治体の仕事ぶりに対して国はどこまで口出しできるか問題，が発生する。もちろん違法な仕事のやり方は認められないけれども，法律に反しない範囲で自治体が地域の実情にあわせてアレンジすることに対して，国がダメといえるか，という問題である。

　1999年までは，国はダメといえた。法定受託事務に当たるものは分権改革前は「機関委任事務」と呼ばれていて，これは市町村や都道府県の首長などを国の「下級機関」と見なして国の仕事を委任するものであった。国の指揮命令系統のなかに自治体を組み込むことになるので，自治体は国のマニュアルどおりに仕事をしなければならず，アレンジは許されなかった。たとえば産業廃棄物処理施設の設置許可が機関委任事務であった頃には，業者が新しく施設を建設するための申請をしてくると，国の法律に照らして問題ない場合には，自治体はかならず許可をしなければならなかった。たとえその予定地が都市部に供給される水の水源地に近く，事故が起きた場合の影響を考えると自治体としては許可したくないような場合であっても，自治体に裁量の余地はなかったのであ

る。このような自治体に裁量の余地を与えない機関委任事務（先に「やらされ仕事」と表現したもの）が，都道府県の仕事の7～8割，市町村の仕事の4割を占めていた。自治体の「決められる範囲」が制限されていたことがわかる。

　これに対して分権改革以降，機関委任事務を法定受託事務へと再構築してからは，自治体を国の下級機関と見なす扱いが廃止されたため，自治体は引き受けた仕事を，法律に反しないかぎり，地域の実情にあわせて条例などでアレンジできるようになった。例えば先にあげた産業廃棄物処理施設の設置についても，現在は都道府県がそれぞれ必要な規制を条例で定めている。

　このように，自治体が引き受けてきた「本来は国の役割」の仕事は，事務区分の性格づけが再構築されたことによって，自治体の「決められる範囲」の中に入った。また，そもそも国の役割を絞り込むという趣旨から，法定受託事務の量も，機関委任事務の頃の半分程度まで減らされて，そのほとんどが次に説明する自治事務にふりかえられている。

　それでは，もう1つの区分である「自治事務」について見ていこう。これは，国から引き受けた仕事ではなく，「もともと自治体の仕事」と性格づけられるものだ。法定受託事務以外は，すべてが自治事務とみなされる。

　ただし，自治事務の中にも，国の法律によって義務づけられるものと，自治体が条例や予算をつくって自主的にやるものとがある（図17-1を参照）。「もともと自治体の仕事」といいながら，前者のように仕事の内容を国の法律で決められるのでは，ちょっと「？」という感じがするかもしれないが，法定された自治事務とは，全国のどの自治体でも一定レベルの同質性は確保されることが望まれる自治体の仕事だと考えてよいだろう。冒頭の例に出ていた介護保険も，法律によって義務づけられた自治事務である。

　さて，先に法定受託事務のところでも見たように，法律で仕事の内容を定められていても，一定のアレンジは可能である。というのも，そもそもある政策を実施するのに必要な具体的な決まりを，全部法律に書き込んでおくことなど無理な話だからだ。介護保険にしても，例にあった要介護認定の基準のような無数の具体的な決まりを行政機関が定めていくことによって，初めて法律を施行することができる。つまり国会で定める法律は大枠であって，国や自治体の行政機関によって，中身が詰められていくのである。そうした中身を詰めてい

く作業を「法律の解釈・運用」というが，分権改革によって国と自治体は**対等・協力の関係**にあると位置づけられたので，この法律の解釈・運用についても両者は対等になっている。だから，「もともと自治体の仕事」とされる自治事務においてはとりわけ，自治体の仕事ぶりに対して国が権力的な口出しをすることはできない。

　ここで，冒頭の我孫子市の事例を思い出してみよう。介護保険は自治事務である。要介護認定指針を定めるという法律の解釈・運用をめぐって，我孫子市長が強気に出られたのは，分権改革によって国と自治体との関係が変化したためであった。地方分権一括法の施行日は，くしくも介護保険法と同じ2000年4月1日だった。市長は「分権一括法は，厚生省には適用されないのですか？」と，意地悪をいったそうだ。厚生省のほうも，機関委任事務があった頃のくせで，つい自治体を下部組織のように見なした対応をとってしまったが，新しい地方自治法には自治事務について「国は，地方公共団体が地域の特性に応じて当該事務を処理することができるよう特に配慮しなければならない」とあることを受け止めて，異例の対応をしたのだと考えられる。

　さて，あと少し事務区分について掘り下げておきたい。事務区分が再構築されたことによって，法律で自治体に義務づけられる法定受託事務と自治事務は，程度に違いはあるが，どちらも自治体の「決められる範囲」の中に入った。国の法律を，自治体が自律的に解釈・運用できるところがポイントであった。とはいえ，仮に国の法律が，とても細かい点まで定めていたらどうだろうか。自律的に解釈・運用できるといっても，その余地が小さく捉えられてしまうだろう。特に，自治事務について定めている国の法律（**図17-1**の網掛け部分）が窮屈な書き方をしていれば，自治事務にふりかえたものでも，ふりかえた意味が薄れるだろう。そこで，2011年からは「地域の自主性及び自立性を高めるための改革の推進を図るための関係法律の整備に関する法律」という長い名前の法律を制定して，児童福祉法・土地改良法・薬剤師法といった個別具体的な法律を，一括して緩く書き直す改革（「**義務付け・枠付けの緩和**」）がおこなわれてきた。2022年8月までにこの法律は15回制定されていて，99年の一括法による事務区分の再構築に実効性をもたせる作業が続いているのである（**第二次地方分権改革**と呼ばれる）。

■ 権限配分の仕組み②　概括授権

　国と自治体の権限配分の仕組みとして，事務区分について詳しく見てきたが，もうひとつ，権限配分のおもしろい仕組みをとりあげておこう。分権改革以前からあった仕組みであるが，改革時に性格がより明確にされたものだ。

　それは**概括授権**と呼ばれるもので，地方自治法のはじめに出てくる。地方自治法の第２条には，自治体の仕事とは「国が法律で自治体の仕事と定めた事務」と，もう１つ「地域の事務」だと書いてある。地域の事務とはえらく「ざっくりした」書き方であるが，このざっくり感がポイントだ。もし，国が法律で定めた仕事だけを自治体ができることになっていたら（これを**制限列挙**という），自治体はそれ以外のことができなくなる。地域でなんとかしなくてはならない困りごとがあっても，そのことについて国の法律が定められるまでは，自治体で強制力を持った手段を講じることは難しい。でも，日本の地方自治法には，ざっくりと「地域に関わることは任せた」という意味の言葉が入っているので，法律がまだない分野のことも，自治体が自由に考えてやっていいことになる。図17-1でいうと，上段右側の部分に当たる。

　少し話を膨らませるなら，概括授権は，実は自治体と国のどちらにも使える仕組みである。というのも，わたしたちに近い自治体の政府には，対処すべき事柄の情報が集まりやすく，そこから政策の開発が始まりやすいためである。例えば最近では，いくつもの自治体において，認知症の人が起こした事故を損害賠償する制度が作られてきた。きっかけは，認知症の人が列車にはねられて亡くなり，鉄道会社が列車運行の遅れ等を理由に，遺族である妻や子どもに多額の賠償を請求したことだった。社会の高齢化にともない，認知症の人が起こす事故は増えている。この問題では，神奈川県大和市がはじめに損害賠償の仕組みをつくり，すぐにそれが伝播していった。ひとつの自治体で政策ができると，他の自治体がまねをする，ちょっと付け足す，いいとこ取りをするなどして工夫が積み重なってゆく。この損害賠償制度も，例えば神戸市では，希望者への認知症無料診断やGPSによる捜索サービスなども組み合わせて，よりトータルに認知症の人と家族を支える制度に発展している。また，このように自治体発で政策がつくられ，磨かれていった結果，国も対処の必要性に気づいて法律を制定する，という政策開発のダイナミズムも生まれる（伊藤 2006）。

これまでも環境や福祉などの分野で，また情報公開や政策評価といった統治制度に関わる分野で，自治体の政策開発は国に先行してきた。概括授権の仕組みがあることによって，自治体は，国の対処を待たずに問題解決に着手することができるし，国もまた，政策課題の発見と政策アイデアのつくりこみを自治体に期待することができるのである。

このように，概括授権が，自治体に「決められる範囲」を保障する仕組みであることは理解しやすい。しかも，自治体にわたす権限を，国が１つずつ判断して分け与えていくのではなく，自治体がみずから権限をつくるかたちになっている点も興味深いところである。

もっとも，概括授権のおかげで，自治体が完全にフリーで新しい政策を作れるかというと，難しいところもあって，すでにある国の法律との整合性が問題になることも多い。例えば，東京都豊島区が，空き家を若者のシェアハウスに転用する条例をつくったときには，国の建築基準法に抵触するとして，内容の見直しが迫られた（毎日新聞 2016/ 5 /28）。したがって，国の法律を条例でアレンジする場合でもそうだが，概括授権で条例をつくる場合でもやはり，自治体には，関係する法律を理解して使いこなす（＝**政策法務**）能力が必要になる。まずは権限を配分する制度の重要性を理解したうえで，こうした政策法務能力のような非制度の条件もまた，自治体の「決められる範囲」に影響することに少し注意を向けておこう。

3　「決められる範囲」をどのように決めるか

■ 権限を調整する必要性

前節では，地方分権改革のなかで自治体の「決められる範囲」が拡大してきたことを，また，その仕組みとしての事務区分と概括授権とを見てきた。全体としては国と自治体の間に，分権の方向への合意があったわけだが，実際に「決められる範囲」が動くにつれて，以前とはまた違った課題も意識されるようになっている。

まず，国が主導して分権を進めた場合に，自治体が決めたいことと，国が決めて OK ということのミスマッチが意識されるようになった。例えば児童福

祉法のような個別具体的な法律が緩和されだすと，自治体側からすれば，決めたいところがあいかわらず決められなかったり，別に決めたくないところを決めろと言われて仕事が増えたり，といった不都合が意識された。あるいは逆に，自治体側が主導する場面でも，ミスマッチはあらわれる。自治体が自律的に国の法律を解釈・運用する中で，国側からすれば，それでは国がその法律をつくった目的が達成されなくなると思われたり，自治体の解釈・運用が法律のアレンジをこえて違法とみなされたりする場面もでてきた。つまり，分権改革が進展するにしたがって，国と自治体の権限配分をアジャストすることの重要性もまた，前面に現れてきたのである。

■「決められる範囲」を決める原則

　では，どうやって国と自治体の権限配分を調整すればよいのだろうか。

　いちばん大枠から考えると，日本は単一国家といって，国に主権が集中する仕組みをとっているので，国よりも小さい政治単位については国が決めることができる（単一国家の対概念は連邦国家）。自治体の「決められる範囲」を決めるのは，国なのである。しかし同時に，地方自治は憲法で保障されており，憲法は国を拘束するものであるので，国が自治体について決める場合には自治を尊重する必要がある。さらに，99年の分権一括法では，国と自治体は対等・協力の関係にあるとされた。それを反映してか，国と自治体の関係を「中央地方関係」ではなく，「政府間関係」と呼ぶことも増えている。現在の国と自治体との権限の関係は，3層の単位がピラミッド型に重なるイメージと，自律した政府が水平的に交渉するイメージとが併存する感じ，と言えるかもしれない。

　さて，国と自治体の権限配分をアジャストする必要性が意識されるにつれて，そのための仕組みも，次第につくりかえられてきている。ここからは「決められる範囲」そのものの決め方（＝「誰が何を決めるか」ではなく，「誰が何を決めるかをどうやって決めるか」），に着目して，権限配分を調整する仕組みについて見ていこう。

■ 事前調整の仕組み

　まずは，国と自治体をあらかじめ調整する仕組みについて。「国と地方の協

議の場」が，2011年に法定されている。これは，自治体に関わる重要政策について，国会で審議するのに先立って，国と地方が協議するものである。従来も**地方六団体**（都道府県・市町村の首長や議長がつくる全国組織）が国会や内閣に意見提出する規定が地方自治法にあったが，それをより仕組み化したものといえる。年に数回のペースで開催され，権限に関する事柄と並んで，財源に関する事柄も主要な議題とされている。

　事前調整の仕組みとしてもう1つ。第二次分権改革では個別法の義務付け・枠付けの緩和が進められたことをすでに紹介したが，この緩め方にも国と自治体とをアジャストする発想が採り入れられている。従来の改革では，国の総務省におかれた委員会が，自治体に分権すべき事柄かどうかを見分ける基準をつくり，それにもとづいて法律改正がおこなわれてきた。つまり，国側が改正を主導してきたわけだが，2014年からは，あたらしく自治体からの「**提案募集方式**」が導入された。この方式では，自治体の側から国の内閣府に分権すべき事柄を提案することになっている。たとえば「田舎では薬剤師の資格をもつ人が確保できなくて薬局が閉鎖されてしまう」といった地域の具体的な課題を解決するためには，この法律のこの部分の変更が必要であるというように提案するわけである。すると，内閣府はそれを仲立ちして，担当の省庁に法律等の変更をもちかける。この方式の導入から8年の間で，自治体からは約は3000件の提案があり，そのうち約8割が実現している。

　いま紹介した2つの事前調査の仕組みは，最終的には，国が自治体の「決めてよい範囲」を判断するけれども，国からの一方通行ではなく，情報を共有して協議する契機を重視していることが見てとれるだろう。

■ 事後調整の仕組み

　次に，国と自治体の権限配分について双方の解釈が対立した場合に，後から調整する仕組みについて。

　まず，**国地方係争処理委員会**という仕組みが，すでに99年の分権一括法の段階で整備されている。これは，国と自治体の行政機関が法律の解釈・運用で対立した場合に，どちらの解釈が正当かを，双方から独立した専門家組織が審査するものである。審査を申し出ることができるのは自治体側であり，自治体の

法律の解釈・運用に対して国から権力的な関与等があった場合に，自治体はそれが違法不当であるとの主張をすることができる。審査の結果，国の関与が違法と認められる場合には，改めるよう国に勧告がおこなわれる。ただし，係争処理委員会からの勧告を国がスルーすることも可能で，自治体は国にスルーされた場合や，そもそも係争処理委員会の判断に不服がある場合などにおいて，裁判所に提訴することができる。国地方係争処理委員会は，制度化されてからしばらくあまり利用されていなかったが，2010年代半ばから，沖縄県が米軍の普天間基地移設をめぐって複数回，大阪府泉佐野市がふるさと納税をめぐって，それぞれ審査を申し出ており，その後，司法への提訴もおこなわれている。

　もう1つ，国と自治体を事後的に調整する仕組みで，係争処理委員会とはいわば逆向きの制度も2012年につくられている。こちらは国の側から，自治体の法解釈の違法性を確認する訴訟を起こすことができるものである。分権一括法以降，自治事務について法律の解釈・運用が対立した場合には，国側は「是正の要求」をすることができ，自治体側は，その国の関与の方こそ違法と考えるなら，係争処理委員会に審査を申し出ることができるという構図になっていた。ところが，自治体側が「是正の要求」をスルーして，しかも係争処理委員会に審査を申し出ることもない事態が実際に起きたため，適法・違法が宙ぶらりんになる状態を回避する目的で，この仕組みがつくられたのである。

　以上，事後調整の仕組みを2つ見てきたが，これらは，国と自治体の法律の解釈・運用が対立した場合に，最終的に国が判断するのではなく，どちらからも独立した司法機関が判断する，という点が注目されるだろう。国の行政機関と自治体の行政機関とが，対等な関係にあると見なされているわけである。

■ 地理的な権力分立

　さて，このように，国と自治体の権限配分を，事前と事後の両方でアジャストする仕組みがつくられてきたのであるが，この国と自治体をアジャストするという発想には，シンプルな地方分権の発想におさまりきらない部分があることがわかるだろうか。シンプルな分権では，自治体の「決められる範囲」の拡大が目指される。だが，近年の日本の分権改革には，「決められる範囲」を決

める国の決定に自治体が関与する契機（事前）や，「決められる範囲」の解釈
をめぐる国と自治体との対立を，第三者である司法の判断にゆだねる契機（事
後）が含まれている。つまり，シンプルな分権を超えて，「政治単位がそれぞ
れ自律的に決定し，かつその決定に互いに関与しあう関係性」をそこに見て取
ることができるのである。

　ひとつの国の中で層をなす政治の単位について，それぞれを自律させると同
時に調整が必要な関係に置くことを，**地理的な権力分立**という。近年の地方分
権改革によって，日本の団体自治は，量（権限の拡大）だけでなく，質（政府の
関係性）も変化したと考えられるだろう。

☑ 調べてみよう・考えてみよう

① 総務省HPの「提案募集方式」の事例集を見てみよう。あなたの暮らすまちでは，
　どのような事柄の分権が求められているだろうか。
② 普天間基地移設をめぐる沖縄県と国の争訟について調べてみよう。政府間を調整す
　る仕組みは，実際には，どのように機能しているだろうか。
③ 団体自治と住民自治は車の両輪だと言われるが，それらは予定調和するものではな
　い。団体自治と住民自治とが対立するのは，どのような場合だろうか。

📖 おすすめ文献

① 西尾勝，2007，『地方分権改革』東京大学出版会.
　　第1次地方分権改革を主導した行政学者による作品。分権改革のルポルタージュ
　としても読めるが，この著者らしい理論的な考察がやはり魅力的である。
② 礒崎初仁，2021年『立法分権のすすめ ─地域の実情に即した課題解決へ』ぎょうせ
　い.
　　第2次分権改革における法令の「義務付け・枠付けの緩和」を紹介したが，まだ
　まだそれが過剰・過密で，自治体の政策法務を阻んでいることを指摘するもの。総
　務省HPの「提案募集方式」の事例集を見れば，筆者の指摘に頷くだろう。
③ 人見剛，「第1次・第2次地方分権改革における国・地方間関係の変容と課題 ─行
　政法学の見地から─」九州佐賀総合政策研究2017年第1号.
　　国と自治体の法解釈を事後的に調整する仕組みが，実際にはどのように運用され
　ているかについても知ることができる。制度と非制度との関係を考えてみたい。

【大西弘子】

第**18**章

「自治の単位」はどうなる？
──社会の変化と地方自治制度──

1 「自治の単位」のゆらぎ

　本章では，「自治の単位」のゆらぎという事象について考えたい。前章まで
の地方自治はある一定の領域（空間的広がり）において国や他の自治体の支配
を排して，自治体独自に地域課題の解決案（政策）を立案・決定し，実行する
ことを想定してきた。具体的には，公選された首長と議会が（時には市民参加の
補完をうけて）決定した政策を財政の裏付けのもとで補助機関が執行する。こ
の一連の過程を行う領域的なまとまりを「自治の単位（具体的には都道府県と市
区町村）」とする。**第17章**で見たように，日本の地方自治のシステムは都道府
県（広域自治体）と市区町村（基礎自治体）の二層制（中央政府を加えて三層の政府
が存在）である。基礎自治体は住民に最も身近な自治体として総合行政体であ
ることが想定される。都道府県・市町村は，広く「地域の事務」を担うとされ，
概括授権方式と呼ばれる。市町村は，もっとも市民の生活に身近な自治体とし
て，福祉・教育をはじめとして地域課題の解決にあたることが求められる。都
道府県は，市町村をまたがる広域事務，市町村に関する連絡調整事務，規模・
性質において市町村が処理するのは適当でない事務（補完事務）を担うとされ
ている。地方分権改革による国・都道府県・市町村の役割分担の明確化，公共・
民間の分担の見直しなどにも影響を受けながら，特に市町村の「自治の単位」
の変化（市町村合併，自治体連携，地域自治，大都市制度改革など）を伴いつつ二層
制が維持されてきたと言うことができる。

　21世紀に入ると**平成の市町村合併**が進められた。少子高齢化などの社会経済
情勢の変化に対応するために「地方分権の担い手となる基礎自治体にふさわし

い行財政基盤の確立」が目的とされたが，市町村レベルの「自治の単位」を大きくすることで調整を図った。その結果，（旧）合併特例法が成立した1999年の3232市町村は，（新）合併特例法の期限を迎えた2010年3月末には1730市町村にまで減少した。その過程では，多数の市町村で合併の賛否を問う住民投票が行われたが，これは「自治の単位」の変更が地方自治の本質に関わる重要なテーマであることを示している。近年では，東京一極集中や人口減少社会に対応する「地方創生」，新型コロナウィルスをはじめとして感染症の拡大や気候変動問題など新たな課題が出現し，「二層制」や「自治の単位」を柔軟に運用しながら対応しようとする動きが見られる。

　本章では，3つの「自治の単位」のゆらぎについて考える。第1に，平成の市町村合併は，1000市町村という当初の政府目標には届かず，中山間地などで多数の小規模な自治体が残った。合併とは異なる選択肢として，**小規模自治体**が行政サービスを供給する方式としてさまざまな自治体間連携が模索されている。第2に，合併で大規模になった自治体で，合併前の「小さな自治」を維持する要求が高まった。これを契機に地域自治区制度が始まったほか，高齢者や子どもの福祉，防災などコミュニティで対応すべき問題に着目して，地域レベルでの自治の模索が強まっている。第3に，平成の市町村合併で指定都市の数が増えたが，これにより指定都市制度，大都市の自治のあり方に関心が高まり，実際に権限の整理や住民自治の明確化を目的にした「自治の単位」の変更が提案された。

2　広域連携としての自治体間連携

■ フルセット型と広域連携

　市町村には，高知県の山間部にある大川村など人口500人未満の村から，日本有数の港湾都市で人口約377万人の指定都市の横浜市まで1,718市町村（市792，町743，村183［2022年7月現在］）あり，北は北海道から南の沖縄まで多様な自然環境や社会経済的条件のもとで地方自治に取り組んでいる。日本の市町村の理想的な姿は，中央政府の総務省などでは，1自治体ですべての行政サービスが提供できるフルセット型がよいと考えられ（これを総合行政主体論という），

市町村合併が推進されてきた。しかし，近年，とくに平成の市町村合併後には，人口１万人未満の小さな町村が約500あまり残り，人口減少・少子高齢社会のもとで自治体どうしの連携やネットワークを重視する考え方と定住自立圏構想や連携協約などといった新たな自治体間の広域連携の制度が広がっている。

　自治体間連携には，賛否両論がある。自治体間連携に対する消極的な立場の考え方は総合行政主体論であり，これに近い自治モデルが「大は小を兼ねる」型（「地制調」モデル）である。自治体間連携を推進することとマッチする自治モデルには，「ネットワーク自治体」論という考え方と親和性のある，フランスなどヨーロッパの地方自治を参考にした，基礎的自治体レベルの多層化による「小さい自治の連合」型（フランス・モデル）がある。これらのモデルは，いずれも基礎的自治体レベルの公共サービスが，生活圏を中心に住民の暮らしを支える小さい自治・公共圏での保育や小学校や在宅介護などの公共サービスの層と，上下水道やごみ処理，消防，公共交通など規模の利益が働く大きな行政圏で処理される層との二層からなるという。どちらの層の政治・行政主体を基礎的自治体と考えるかは，「大は小を兼ねる」型が大きな行政圏を，「小さい自治の連合」型が小さい自治・公共圏を基本に考えている（加茂 2017：79-80）。

■ 自治体間の連携パターン

　複数の自治体どうしが協力・協働することで地方自治の事務や仕事に取り組む自治体間連携には，大きく分けてヨコの水平連携とタテの垂直連携の２パターンがある。

　まずは，水平連携で，主流は市町村どうしである。具体的な活用制度には，別法人を組織する「機構ベース」の一部事務組合や広域連合があり，消防・救急やごみ処理，病院，火葬場など一定程度の規模の経済が働く公共サービスの領域が多い。なかには，高知県の中芸広域連合のように介護保険の事務・運営や地域包括支援センターの設置・運営と保健福祉事業も広域連合で実施している圏域もある。また，法人を組織しない簡便なしくみには，協議会の設置，機関等の共同設置，事務の委託などがある。さらに2014年からの新制度の「連携協約」は，「政策ベース」のもので，自治体どうしが政策や事業指向で協力の

約束をして実施する制度である（伊藤 2015）。連携協約を活用した連携に，人口減少社会においても一定の圏域人口と活力ある社会経済を維持するための拠点を形成する連携中枢都市圏構想がある。人口定住のために必要な生活機能の確保に向けて中心市と近隣市町村が1対1で，「生活機能の強化」「結びつきやネットワークの強化」「圏域マネジメント能力の強化」の観点から協定を締結して連携する定住自立圏形成協定による連携も全国に広がっている。

　もう1つのパターンの垂直連携には，一般的には市町村と都道府県による組み合わせで，都道府県が県内の市町村を支援・補完するような連携である。奈良県川上村の事例（**第6章**，参照）でみた南和広域医療企業団のように，奈良県と市町村が一部事務組合を形成する連携もある。垂直連携には，都道府県が市町村どうしの広域連合などの水平連携を支援・補完する場合もある。都道府県の圏域単位でみれば，長野県のように，都道府県の総合型出先機関である地域振興局と圏域の複数市町村との垂直連携もある（水谷・平岡 2018）。

　自治体のなかには，政策領域ごとに，機構ベースの広域連合や一部事務組合に政策ベースの定住自立圏に加えて，都道府県による垂直連携も重なった多層的な自治体間連携を工夫しながら，自律（自立）の自治に取り組む長野県の南信州エリアの市町村のような取り組みも少なからずみられる。

■「圏域行政」論と広域連携

　総務省の第32次地方制度調査会において，中心市が主導する広域連携としての「圏域行政」の法制化について検討されたが，全国町村会などから近隣市町村が中心市に従属させられる懸念があるなどの理由で反対があり，答申での明記は見送られた。

　自治体間連携は，人口減少社会において今後その必要性がますます高まる自治のツールである。どのような施策や事業を連携により取り組むかを決定するにあたっては，各自治体の自主的な決定をいかに維持するか，連携自治体どうしの丁寧な意見調整と住民による民主的統制をどう確保するかは，今後の課題である。

3　地域自治

　ここで注目する「自治の単位」は，基礎自治体である市町村よりも小さなエリアである。例えば小学校区や中学校区がそれに当てはまるが，ここでは"地域"と呼んでおく。地方自治の意義の1つは，わたしたちの生活に近いエリアを管轄する地方自治体の方が，（国がやるよりも）効果的，効率的に問題を解決できる可能性があることだが，市町村とその内部の地域との関係でも同じである。小学校や公民館が災害時の避難場所になっていることはその例である。実際に地域ではさまざまな組織が課題に取り組んでおり，"小さな自治"と言えるような活動が行われている（**第2章**）。この節ではそれを「**地域自治**」とよぶことにし，21世紀に入って登場したいくつかの動きを紹介しておきたい。

　ここで1つ注意してほしいことがある。地域自治は，政府セクターにも市民セクターにも関連する問題だということである（**第1章**）。たとえば，多くの地域で市の広報（政府の情報）が町内会を通じて配布される（市民セクターの活用）が，これは自治体と地域の双方が関わる取り組みである。このように，地域自治は2つのセクターがまじりあって成り立っている面があることに気を付けてほしい。

■ 地域自治区制度の創設——自治体の政策に意見を反映させる「自治」——

　第1に紹介するのは，自治体から地域への分権である。地方分権改革が推進される中，自治体内部で地域に分権していくべきだという考えが登場した。この自治体内部での分権は，「**都市内分権**」，「**地域分権**」，「**自治体内分権**」などの言葉で表現されている。平成の市町村合併の時期，一方で合併による自治体の規模の拡大，他方では自治体内のエリアや権限についての"分割"が並行していたわけである。

　2004年，地方自治法などが改正され，**地域自治区**制度が導入された。地域自治区制度は，①地域自治区に事務所を置き市の事務を分担させること，②地域自治区に地域住民が参加する地域協議会を設け，その意見を市に反映させることの2つを行う仕組みである。①は行政が担う業務の分散であり，②は地域住

民への分権である。とくに②は，市の行政に住民の意見を伝える仕組みを広げるものだと高く評価された。地域協議会は，その地域に関する事務について，市長からの諮問に答えたり，諮問以外についても議論し市長に意見を伝えたりできるからである。厳密にいえば，地域協議会はあくまでも市長が行政権を行使するために調査・研究・審議をする仕組みであり，議会のように市長の提案を否決する権限はない。しかし，中には市長が地域協議会の意見を尊重し，政策の一部変更が実現したケースもあった。自治体の政策に住民の意見を反映させるルートが増えたこと，それが国の法律にきちんと位置付けられたことは大きな変化である。

　では，多くの自治体が地域自治区を活用して地域住民の意見がどんどん市の行政に反映されるようになったのだろうか？答えはノーである。2022年4月1日現在，地域自治区制度を使っている自治体は全国で18である（総務省webページ）。それどころか，かつては地域自治区を設けていたのに廃止した自治体もある。

　理由は，地域自治区制度が，住民の意見を反映させるというより合併を推進するツールとして利用されていたからである。地域自治区制度が導入された当時，国は市町村合併を推進していた。合併で消える自治体では，議会も首長もなくなってしまう。そのことで反発が強まり市町村合併が進まなくなるのをおそれ，合併後も旧自治体の意見を伝えるルートとして制度がつくられた面があったのである。合併を乗り切るために地域自治区を設けた自治体が，市としての一体化が進むにつれて廃止したケースもあった。

■ 地域運営組織づくり──地域内で課題に取り組む「自治」──

　第2は，地域の課題解決を目指して地域内で協働を進める仕組みづくりである。2014年段階で，全国の都市自治体（市と特別区）のうち，約半分の自治体が，**第2章**で紹介した地域活動協議会（地活協）のような仕組みを持っている。そのうちの半分以上が平成の市町村合併以降に創設されている（日本都市センター2014）。こうした仕組みは法律に基づくものではないが，条例などの自治体独自のルールをもとに導入を進めている。

　背景にあるのは，合併による市域の拡大，高齢化や人口減少の進展などのも

図18-1　地域運営組織の形態—「一体型」と「分離型」

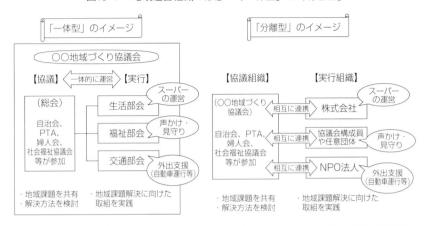

出所：内閣府 web ページ　http://www.cao.go.jp/regional_management/rmoi/keitai/ を一部変更。

とできめ細かく対応すべき課題は多いのに，地方公務員数の減少や財政状況など自治体として対応できる能力が限られていることで生じる空白の領域（国では「新しい公共空間」と名付けている）の一部を，地域の力で解決できないかという考えである。とくに，過疎化と高齢化が進んだ地域で暮らしを支えるサービスの不足を補完することが期待されている。実際，一部の地域では地域住民が運営する組織が高齢者等の移動支援，ガソリンスタンドや日用品を販売する商店の運営などを行う例も現れている。

　国では，こうした組織を**地域運営組織**と呼び，この組織の形成数を地方創生推進の重要な評価指標の1つとしている。また，2014年には，三重県伊賀市など4市が共同で報告書を出し，地域内で協働を進める仕組み（4市では「**小規模多機能自治**」と呼ぶ）が活動の幅を広げられるよう，国に制度の整備を提言している。国も自治体も，急ピッチで地域内の協働を進めようとしている。

　地域運営組織のあり方は自治体ごと，地域ごとに多様であるが，国では全国の取り組みから導き出した2つのタイプを示している（図18-1）。地域の課題解決を進めるには，大きく2つの段階がある。最初は①「何が課題かを地域の中で共有し，それについての解決方法を話し合って決める」段階（協議の段階），その次が②「解決に向けて具体的に動く」段階（実行の段階）である。①と②

が組織として"一体"なのか"分離"なのかで，タイプが区分されている。地活協の場合は，①を担う「協議機能」と②を担う「実行機能」が１つの組織である「一体型」である。一方，町内会とPTAと老人会が集まり話し合うが，そこで決まった「高齢者の通院支援」は地域の企業など別の組織に委ねる形もある。こういう場合は「分離型」となる。

■ 住民と自治体の役割分担の再検討──２つの「自治」を活かす──

　以上の２つの動きからは，自治体の政策に地域の意見を反映させる「自治」から，地域内で課題解決に取り組む「自治」へのシフトが起こっていることがわかる。では，自治体の役割はどうなのだろうか。2018年，「自治体戦略2040構想研究会」の報告書が公表された。それによれば，自治体は市場セクターや地縁型組織，テーマ型組織を含む市民セクターの取り組みを支援する「プラットフォーム・ビルダー」に転換する必要があるという。自治体は一歩下がって条件整備役に回ると想定されている。

　だが，地域運営組織のような地域内の協働を進める組織は市民セクターの組織であり，政府セクターから独立していることは改めて強調しておく必要がある。国も自治体も，組織の設立を強制することや，組織や事業のあり方を指導することはできない。地域運営組織はあくまでも地域の自主性に基づくものである。うまくいく地域，あまりうまくいかない地域，あるいは「地域の課題はもっと自治体が対応すべきだ」と考える地域が出ることも考えられる。自治体と地域の関係は，単なる自治体の役割の縮小・後退ではなく，地域ごとに異なる形になっていくのかもしれない。もしそうなら，自治体の政策に地域の意見を反映させる「自治」の仕組みと地域内で課題解決に取り組む「自治」の仕組みの両方を使いこなすことが必要になるのではないだろうか。

4　大都市制度

　通常の広域自治体と基礎自治体の権限・財源配分の原則とは異なる，大都市を統治するための特別な制度を大都市制度と呼ぶ。大都市制度が必要だという考え方は，わが国の近代地方自治制度始まって以来のものであり，明治31年ま

で続いた3市特例（東京・京都・大阪の三市は内務省が任命する東京・京都・大阪府知事が市長の職務を行った）や戦前の6大都市の**特別市**制運動（府県からの独立を基調とした）などの長い歴史の経過がある。また，先進民主主義国の地方自治制度にはほぼ大都市制度が存在している。大都市の有効な統治が，一国の経済社会にも関わると考えられているからだ。ここでは，都区制度と指定都市制度という2つの大都市制度をとりあげると同時にそれらも変容の波を受けていることを見る。

■ 大都市制度の存在理由

　大都市制度が存在する理由は何か。第1に，大都市には人口だけではなく，企業活動，なかでも金融機能や本社などの中枢管理機能が集中している（中枢性）ので，大都市の政策は広域の地域や一国の経済・社会を左右する。特に東京は，グローバルな企業本社や金融機能が集まる国際金融都市であり，オリンピックなどの国際イベントを開催する大きな行財政力を有するのである。第2に，大都市の政策は地下鉄など交通網，インフラ整備や消防などは一体的な整備や運用，まとまった財源を必要とする（一体性）。第3に，その一方大都市で働く人は広く周辺市町村（通勤圏）から毎日やってくるなど，大都市の経済・社会は自治体の境界を超えているという特徴（広域性）がある。つまり，大都市は行政区域（自治の単位）の外側から影響をうけるとともに，その政策も外側に影響するのである。第4に，環境汚染や貧困などの都市問題も他に先駆けて発生し（先駆性），かつ大規模であるため，その解決のために大きな権限や財源が必要である（大規模性）。これらの事情から現代の大都市では，一般的な府県－市町村の二層制と異なる事務権限や財源の配分と組織になっているのである。具体的には，都区制度と指定都市制度である。他に都道府県の権限の一部を指定都市より限定的に委譲されている「**中核市**」制度があるがここでは触れない。

■ 都区制度

　都区制度は，現状では東京都と23区にのみ適用されている。一言で表すなら，大都市行政の特性に配慮して，基礎自治体の権限や財源の一部を広域自治

図18-2　東京都区部と指定都市（20市）

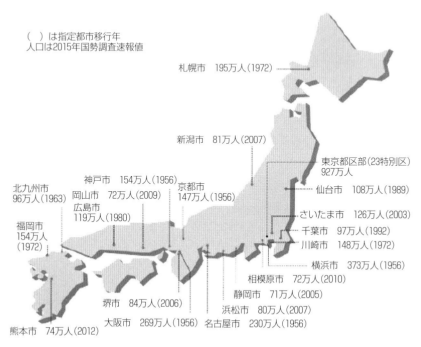

（　）は指定都市移行年
人口は2015年国勢調査速報値

札幌市　195万人(1972)

新潟市　81万人(2007)

東京都区部(23特別区)
927万人

北九州市
96万人(1963)

神戸市　154万人(1956)

岡山市　72万人(2009)

京都市
147万人(1956)

広島市
119万人(1980)

仙台市　108万人(1989)

福岡市
154万人
(1972)

さいたま市　126万人(2003)

千葉市　97万人(1992)

川崎市　148万人(1972)

横浜市　373万人(1956)

相模原市　72万人(2010)

静岡市　71万人(2005)

堺市　84万人(2006)

浜松市　80万人(2007)

大阪市　269万人(1956)

名古屋市　230万人(1956)

熊本市　74万人(2012)

https://www.city.sakai.lg.jp/shisei/daitoshi_chihobun_koiki/seirei/df_filename_74765.html
出所：堺市資料をもとに筆者修正。

体が一体的に使おうとする制度である。東京都は，戦前の東京市などによる特別市制要求運動の長い歴史を経たのち，第2次世界大戦末期の1943年に東京市と東京府が合併して成立した。戦後1947年に現日本国憲法のもとで施行された地方自治法に都区制度が規定され，いく度かの改正を経てこんにちに至っている。

　旧東京市の区域が現在の23区でありそれぞれが**特別区**という基礎自治体である。特別区には区長も区議会も存在し，区長は過去に都知事による任命制であった時期があるが，現在は両者とも住民による直接公選である。事務権限の配分としては，新型コロナ感染症対策でも重要な役割を持った保健所の設置運営など府県事務を有する一方で，市町村の事務権限である水道などインフラの

整備と運営，消防などは「**大都市の一体性**」の観点から東京都が担っている。財政制度では，特別区間の財源格差を平準化し，標準的な行政を一体的に行うための，**都区財政調整制度**が設けられた。本来は市町村の税である固定資産税などが一旦都税として徴収され，それを財源に各特別区に再配分される（都区財政調整制度）。都区制度は，特別区の数も区域も変わっていないが，区長の公選制の復活や，生活に密着したゴミ処理行政が都から特別区へ移管されるなど特別区の自治権は少しずつ拡大している。

■ 指定都市制度

　戦後1947年制定の地方自治法に特別市の規定が設けられたが，実際には特別市への移行をめぐって大都市と府県の間に対立が生じた。特別市への移行で府県からの独立を図るという大都市側の要求と，府県で最も大きな都市自治体が府県の領域でなくなるという危機感が真っ向から対立した。その妥協の産物として1956年の地方自治法改正で生まれたのが**指定都市**制度である。一言で言うと，基礎自治体である指定都市（概ね人口100万人以上，合併による場合70万人以上）が，大都市行政の特性から，国道・都道府県道の管理，保健所，児童相談所，小中学校の教員人事権など，府県の事務権限の多くを担う制度である。制度の動向としては，都区制度とは異なり，制度発足時の5市が2022年現在で20市にまで拡大している。特に8市が平成の市町村合併（1節参照）を経て移行した指定都市であり，過疎地を市域内に含む（国土縮図型指定都市）ものも現れ「指定都市＝大都市」という性格があいまいになった。他方，平成の地方分権改革で指定都市への委譲権限が拡大したことと後述する総合区を除けば，基本的な制度枠組みに大きな変容は見られない。

　指定都市制度の特徴をみておこう。第1に，大規模な都市なので行政区という都市内分権制度があらかじめ用意されている。ただし，行政区は指定都市の内部組織に過ぎず，区長は一般職員で，議会もないところが特別区と異なる。住民登録や，地域まちづくりなどの政策が区役所でおこなわれている（**第5章**も参照）が，住民自治が不十分（**民主主義の赤字**）との批判がある。第2に，府県の事務権限の一部を指定都市が分担する。これは地方自治法に法定されている事務の他，個別法に書かれている事務もあり，地方分権が進むにつれ，府県

から指定都市への事務権限の移譲が進んできた。府県の権限を指定都市も持つことで，府県と指定都市の公共施設や行政サービスが重複する「**二重行政**」が問題とされた。第3に，府県の事務権限を有し行政量が増加しているのに比べ，税源移譲や交付税措置などの財源配分が不十分という不満が指定都市にある。その充実が指定都市市長会による中央政府への要望事項になっている。

◾ 大都市制度の変容

1節で見た環境の変化によって，大都市制度にも変化の波が来ている。2010年に大阪都構想の実現を目的に掲げた地域政党「大阪維新の会」が結成され，2011年に，同党が公認する大阪府知事と大阪市長が誕生し，2012年には，指定都市を廃止して特別区を設置する手続を規定した「大都市地域における特別区の設置に関する法律」が制定された。この手続には，指定都市を廃止して特別区に分割する「自治の単位」の変更について，拘束力のある住民投票も含まれた。2015年と2020年の2度にわたって，大阪市を廃止して特別区に分割する提案（いわゆる「**大阪都構想**」）が，府市両議会で可決されたが，大阪市民による住民投票においてわずかの差で2度とも否決された。2度の提案では，指定都市の大阪市を廃止して5ないし4の特別区に分割することによって，都市計画や産業政策など広域機能を府に一元化して二重行政を解消することと，特別区の設置による住民自治と身近な行政サービスを充実することが推進の目的とされた。反対派からは，府への集権が地方分権に反することや特別区の権限の狭さや財政自主権の弱さが批判された。

この過程で，指定都市の改革案として，都道府県と指定都市の調整会議と特別職の総合区長が現行の区役所業務より広い事務を行う**総合区**が制度化されたが，2022年現在，実例はない。

2022年現在では構想の段階ではあるが，特別区長会の都区制度の改革案と指定都市長会の特別自治市案を見ておこう。第1に，特別区区長会は，特別区がすべて市として独立し，都区財政調整制度を廃止して，独立した23の東京○○市の間で水平的な財政調整を行う「**基礎自治体連合**」を構成するという提案を発表した。特別区側からの都区制度廃止，自治権拡充の提案である。

第2に，指定都市市長会は，戦後すぐ地方自治法に規定された特別市制度を

ベースとして，指定都市が道府県から独立し，道府県と並ぶ広域自治体になるという「**特別自治市**」構想を発表した。2022年現在，神奈川県では県と県内の指定都市３市（横浜・川崎・相模原）の協議が行われ，３市長はこの制度への移行を訴えているが，県知事は消極的でその行方が注目される。

5 「公共サービス」を供給する"単位"とは？

　この章でとりあげてきた動向は，これまでの「自治の単位」を見直そうとするものである。ここで重視されているのは公共サービスの供給能力の確保である。少子高齢化や人口減少，産業構造の変化，生活圏の拡大などが進む中，自治体は，行政サービスのコスト，人材，技術などの確保を強く意識せざるを得ない。また，人びとが安心して暮らすためのサービスは，もはや行政サービスだけでは不十分である。行政サービス，そして市民セクターや市場セクターといった民間部門が関わるサービスをともに含んだ「公共サービス」の提供が地方自治の課題となっている。自治体間連携や地域自治は，こうした「行政サービスから公共サービスへ」という動きを反映している。

　「公共サービス」には供給能力の確保以外の課題もある。サービス提供の関係者が増え，きめ細かな対応が求められる中で，利用者や住民の意見反映など関係者間の利害調整をどのように行うのかである。

　市町村合併は自治体の規模を拡大し，効率化や職員の確保などに役立つ可能性がある一方，行政と住民の距離は広がり利害調整には課題が残る。合併しなかった自治体は，住民との"近さ"（**近接性**という）を重視したといえよう。地域自治も近接性を確保する側面がある。自治体間連携についても自治体間の調整というコストがもちろん存在する。

　他方，大都市での「自治の単位」問題の現れ方は大きく違う。行政サービス供給能力の確保については，指定都市制度の財源保障が不十分だという問題の克服が問われている。近接性については，行政区への分権や，行政区内に地域自治の仕組みを作る試みが進んでいる。

　「公共サービス」を効率的，効果的に提供し，マネジメントするのにふさわしい"単位"とはどういうものか。複数の視点からとらえる必要がありそうだ。

☑ 調べてみよう・考えてみよう

① 読者の住む市町村などでは，ごみ処理や消防，水道などの公共的なサービスが，誰が，どこで，どのように提供しているのか，実際に確かめてみよう。

② 読者が住んでいる都道府県内で，「地域運営組織」に当てはまるような仕組みを導入している自治体はいくつあるだろうか。自治体の web ページで調べてみよう。

③ 住んでいる自治体が指定都市や特別区の場合はその自治体が，異なる場合は，あなたの地域の中心都市がどのような広域的機能を持っているか調べてみよう。

📖 おすすめ文献

① 公益財団法人日本都市センター編集，横道清孝他著，2017『自治体の遠隔型連携の課題と展望―新たな広域連携の可能性―』公益財団法人日本都市センター．(https://www.toshi.or.jp/app-def/wp/wp-content/uploads/2017/05/report167.pdf).

　本章では，隣り同士など近くの自治体同士が連携する取り組みを中心にみたが，地理的に遠く離れた「遠隔型連携」も自治体の協力方法として大切になっている。総論的な分析と，防災・危機管理分野や介護・福祉分野などでの具体的な市町村の遠隔型連携の事例も紹介されている。

② 中川幾郎編著，2022，『地域自治のしくみづくり 実践ハンドブック』学芸出版社．

　多くの自治体が地域運営組織の仕組みを導入する中，「小規模多機能自治」を推進する自治体関係者を中心に今後の可能性を探ろうとする文献。「こうすればうまくいく」という処方箋は簡単には見つからないが，地域の実践を改めて見直しながら，地域自治の展望や課題を整理している。

③ 北村亘，2013，『政令指定都市―100万都市から都構想へ』中公新書．

　1956年に創設された指定都市制度がもつ歴史の長さ，市町村合併で指定都市が増えたために問われるその本質が解説されている。そこから，大阪市を廃止して特別区を設置する動きまでをトレースできる。

【水谷利亮・柏原　誠・栗本裕見】

おわりに

◆「共同社会的条件」と地方自治

　地方自治は何のためにあるのだろうか。現代の私たちは集住し，水道，道路，学校など様々なインフラやそれに付随する公共サービスを利用しながら生活している。地方自治は，そうした「住民が生産と生活のための共同社会的条件を創設・維持・管理する」ための仕組みである（宮本 2016）。

　少し「共同社会的条件」をかみ砕いておこう。人びとが集まって共同社会をつくる場合，経済的な活動がないと社会は成り立たないが，同時に経済活動を支えるさまざまなものが必要である。例えば，道路，港，用水などである（社会的一般生産手段という）。だが，生産に使うインフラだけでよいわけではない。新型コロナウイルスが猛威を振るう中，保健所や医療現場など，みんなが利用する（可能性のある）施設やサービスが事実上パンクしたことは記憶に新しい。生産には直接役立たず消費されるだけだが，社会とその中の人間の暮らしを維持するのに必要な財やサービスは存在する。共同住宅や上下水道，公教育などもこの例にあたる（社会的共同消費手段という）。

　共同社会的条件は，必要な分を個人で調達しようとすると莫大な費用がかかる。民間企業による整備も考えられるが，その場合は少数の企業が独占的に提供し，価格がつりあがる可能性が高い。また，社会的共同消費手段については，生産に直接関係がないので企業の関心は低くなりがちである。このような財やサービスを，人びとの協議による決定をもとに公権力を使って供給するのが政府であり，ローカルなレベルで実践されるのが地方自治である。現代では国家の活動が目立っているが，古代ギリシアのように，巨大なローマ帝国より古い都市国家もある。共同社会的条件の創設・維持・管理をするうえでは，地方自治の方がなじみ深いといえるかもしれない。

◆ 社会状況の変化

　どのような共同社会的条件が必要かは，社会の状況によって違うはずだ。本書の第Ⅱ部では，今の地域社会がどのような状況にあるのかを描いている。

　昔は「経済大国」といわれた日本だが，地域経済はバブル崩壊のダメージと

経済のグローバル化の中で苦境に立たされている。ものづくりでの国際競争力の低下や生産の東アジア化が進み，雇用も不安定化している（**第8章**）。経済の変化は社会保障の問題とも直結している。日本型雇用と性別役割分業，高齢者ケア中心を前提に作られた現在の社会保障制度では，人びとの生活が支えられなくなっている（**第9章**）。グローバル化や国内の労働力不足などで，外国籍の住民も増え，多文化共生をどう進めるかも問われている（**第5章**）。

　国内に定着する大企業が経済や雇用を支え，高齢化率が低く社会保障のコストが相対的に小さかった時代はすでに終わっている。この状況の下で共同社会的条件をどう整備するのか。国の対応は重要だが，東京一極集中が進み，地域間格差が縮まらない状況をみれば，国の号令で万事解決とはいい難い。地元の中小企業活性化はどうしたらいいか，過疎化と高齢化の中で役場と地域コミュニティがどう協力するか（**第6章**）。地域社会の実態に合わせて，ローカルなレベルで共同社会的条件の創設・維持・管理を行うことが求められている。地方自治の果たす役割はこれまで以上に重い。

◆ 地方自治のつかみ方─ゲームのルールとプレイヤーの動き

　では，地方自治をどうとらえるのか。第1に，公式の制度を押さえる必要がある。これは，共同社会条件を創設・維持・管理するための決定がどのようになされ，公権力によって実行されるかについての基本的なルールである。本書の第Ⅲ部では，基本的な機構である首長（**第11章**），議会（**第12章**），財政のあり方（**第15章，第16章**）を扱っている。また，主権者である住民の参加として，選挙（**第14章**）や直接請求（**第13章**）に触れている。国との関係も大きな影響を持つ。地方自治制度は国によって規定され，財政面でも国と自治体はつながっている。国と自治体の関係は，地方分権改革で大きく変化し，分権を超えて"分立"と呼べる関係も生まれている（**第17章**）。

　第2には，「ルールのもとでアクターがどう動いているか」である。ルールとはできること，できないことを示すものであり，プレイヤー（政治学ではアクターという）はそれを前提に有利に振る舞おうとする。地方自治でも，行政組織が国の動向も視野に入れながら市役所内の他の部署や民間団体と協力して政策づくりに動くことや（**第10章**），場合によっては自治体が国と法的紛争に

及ぶこともある。大都市制度のように，新しいルールを求める地方自治運動（第18章）もある。様々なアクターの動きが地方自治の中身をつくっている。

◆ 地方自治の「豊かさ」

　これまで，政府セクター以外のアクターの役割は，選挙や直接請求などを通じて参加し，自治体によりよい政策を実現させることだと考えられてきた。しかし，第Ⅰ部のNPO（第1章），地縁型組織（第2章），中小企業・地域経済団体（第3章）など，共同社会への関心を持ち，地域の課題に取り組んでいるアクターがたくさんあることを本書は示してきた。これら地域密着型の民間アクターは，自治体に比べて活動の地理的範囲やテーマは狭く，法的ルールを基盤にした社会的権力でもないが，共同社会的条件を支えている。こうした民間アクターが自分たちで課題に取り組むことも，地方自治への参加なのである。

　地域密着型のアクターの存在感は，今後の地方自治において高まっていくだろう。地域社会に合わせた共同社会的条件の創設・維持・管理を行う必要があっても，大企業がどんどん参入するとは限らない。市場が小さく，大きな利益があがらない可能性が高いからである。小回りが利き，相対的にコストを抑えられる，市民セクターの組織や中小企業などの出番が多くなるのではないだろうか。

　そうなると，地方自治とは，自治体と民間アクターの両方を見据えて，共同社会的条件全体を創設・維持・管理する営みになる。それぞれが単独で行う取り組みだけでなく，両者の「協働」も増えてくるだろう。川上村のように自治体がイニシアチブをとり，受け皿を作って協働を進める場合もあれば，おひさま進歩（第4章）のように，自治体はアクター間をつなぐことに徹し，資金や人については民間が中心となって出す場合もある。地方自治の姿は，これまで以上に複雑で豊かなものになっていくだろう。

　それは，私たちが地方自治に関わる"アクセスポイント"をたくさん持っているということだ。選挙はもちろん，行政組織とのコミュニケーション，ボランティア活動などもアクセスポイントである。ICTの発達で，アクセスのハードルは今後もっと下がるだろう（第7章）。この本でつかんだ「地方自治」のイメージとともに，みなさんも"まち"に一歩ふみ出してみてほしい。

【栗本裕見】

参考文献一覧

会津若松市議会編，2019，『議会改革への挑戦　会津若松市議会の軌跡　―市民の意見を起点とし「課題解決」を図る議会へ』ぎょうせい．

秋山訓子，2022，「記者解説　政策形成の新潮流」『朝日新聞』2022年9月19日．

明智カイト，2015，『誰でもできるロビイング入門』光文社．

アンデルセン，エスピン，2000，『ポスト工業経済の基礎―市場・福祉国家・家族の政治経済学』桜井書店．

石井加代子・樋口美雄，2015，「非正規雇用の増加と所得格差：個人と世帯の観点から：国際比較に見る日本の特徴」『三田商学研究』58（3）：37-55．

石田徹・伊藤恭彦・上田道明編，2016，『ローカル・ガバナンスとデモクラシー―地方自治の新たなかたち』法律文化社．

石田徹・高橋進・渡辺博明編著，2019，『「18歳選挙権」時代のシティズンシップ教育』法律文化社．

一般財団法人かわかみらいふホームページ http://kawakamilife.com/

一般社団法人吉野かわかみ社中ホームページ https://yoshinoringyo.jp/

伊藤修一郎，2006，『自治体発の政策革新―景観条例から景観法へ』木鐸社．

伊藤正次，2015，「自治と連携―自治体間連携の理論的基礎に関する一考察」『地方自治』817：2-17．

稲継裕昭編，2018，『シビックテック』勁草書房．

岩崎信彦・上田惟一・広原盛明・鯵坂学・高木正朗・吉原直樹編，2013，『増補版 町内会の研究』御茶の水書房．

岩崎美紀子，2021，『一票の格差と選挙制度』ミネルヴァ書房．

植田浩史・桑原武志・本多哲夫・義永忠一・関智宏・田中幹大・林幸治，2014，『中小企業・ベンチャー企業論 新版』有斐閣．

上田道明，2016，「住民投票が映しだすローカル・ガバナンスの現在」石田徹・伊藤恭彦・上田道明編『ローカル・ガバナンスとデモクラシー―地方自治の新たなかたち』法律文化社．

梅村仁，2021，「研究ノート 自治体産業政策に関するアンケート調査報告―政策形成の実態分析―」大阪経済大学中小企業・経営研究所編『経営経済』56号．

枝廣淳子，2018，『地元経済を創り直す―分析・診断・対策』岩波書店．

江藤俊昭，2016，『議会改革の第2ステージ　信頼される議会づくりへ』ぎょうせい．

NHK取材班，2020，『AI vs.民主主義 高度化する世論操作の深層』NHK出版新書．

NPO法人クロスベイス・NPO法人多文化ふらっと，2022，『生野区の"日本語指導が必要な"子ども白書』．

NPO法人多文化ふらっと，2022，『大阪市生野区御幸森小学校跡地を活用した「いくのパーク」の挑戦』．

榎並利博，2018，「シビックテックに関する研究─ IT で強化された市民と行政の関係性について─」富士通総研経済研究所『研究レポート』452.

大沢真理，2010，『いまこそ考えたい 生活保障のしくみ』岩波書店.

太田清，2006，「日本の所得再分配─国際比較でみたその特徴」ESRI Discussion Paper Series, 171 http://www.esri.go.jp/jp/archive/e_dis/e_dis171/e_dis171.html

大野和基，2022，『オードリー・タンが語るデジタル民主主義』NHK 出版新書.

大和田一紘他，2021，『五訂版 習うより慣れろの市町村財政分析』自治体研究社

岡田知弘，2020，『地域づくりの経済学入門 増補改訂版』自治体研究者.

岡田知弘・川瀬光義・鈴木誠・富樫幸一，2016，『国際化時代の地域経済学 第 4 版』有斐閣.

荻原聡，2021，「東京都新型コロナウィルス感染症対策サイトとシビックテックとの協働」『ESTRELA』327.

小田切徳美，2014，『農山村は消滅しない』岩波書店.

おひさま進歩エネルギー株式会社，2015，『みんなの力で自然エネルギーを─市民出資によるおひさま革命』南信州新聞社出版局.

小野潤子，2022，「コラム 4 マジョリティも問題解決の当事者だ！─『みんなで住民投票！』の問いかけ」高谷幸編著『多文化共生の実験室─大阪から考える』青弓社.

柏原誠・桑原武志・重森暁編，2017，『大都市圏ガバナンスの検証』ミネルヴァ書房.

柏原誠・西村茂・自治体問題研究所編，2012，『指定都市の区役所と住民自治』自治体研究社.

柏原誠，2019，「大阪市生野区 在日コリアンが外国にルーツをもつ子どもたちを支援するまち」『住民と自治』2019年 8 月号.

片山善博・増田寛也，2010，『地域主権の近未来図』朝日新聞出版.

金井利之編著，2018，『縮減社会の合意形成─人口減少時代の空間制御と自治』第一法規.

金澤史男，2010，『福祉国家と政府間関係』日本経済評論社.

加茂利男，2005，『世界都市─「都市再生」の時代の中で』有斐閣.

加茂利男，2017，『地方自治の再発見─不安と混迷の時代に』自治体研究社.

北村喜宣・米山秀隆・岡田博史，2016，『空き家対策の実務』有斐閣.

共同通信社編，2017，『新しい力─私たちが社会を変える』共同通信社.

金光敏，2016，「多文化共生都市・大阪の課題」『市政研究』190：34-43.

桑原武志，2014，「自治体による中小企業政策」植田浩史・桑原武志・本多哲夫・義永忠一・関智宏・田中幹大・林幸治，2014，『中小企業・ベンチャー企業論 新版』有斐閣.

桑原武志，2016，「地域経済振興における大都市圏ガバナンスを考える─大阪大都市圏を事例にして─」石田徹・伊藤恭彦・上田道明編，『ローカル・ガバナンスとデモクラシー──地方自治の新たなかたち』法律文化社.

経済産業省 HP，「平成を振り返る：統計が映す主役たちの変化」https://www.meti.go.jp/statistics/toppage/report/minikaisetsu/hitokoto_kako/20190412hitokoto.html

工業集積研究会，2010，『地域産業政策に関する自治体アンケート調査報告書』（工業集積研究会研究調査報告，第 2 号）.

公益財団法人吉野川紀の川源流物語ホームページ https://www.genryuu.or.jp/corporation.html

駒崎弘樹，2015，「病児保育問題，待機児童問題のためのロビイング」明智カイト『誰でもで
　　きるロビイング入門』光文社.

駒崎弘樹・秋山訓子，2016，『社会をちょっと変えてみた』岩波書店.

酒井正，2020，『日本のセーフティーネット格差―労働市場の変容と社会保険』，慶應義塾大学
　　出版会.

櫻井純理，2012，「地域に雇用をどう生み出せるのか？―大阪府豊中市における雇用・就労支
　　援政策の概要と特徴」『立命館産業社会論集』48（2）：53-73.

重森暁・植田和弘編，2013，『BASIC 地方財政論』有斐閣.

清水修二，2011，『原発になお地域の未来を託せるか』自治体研究社.

紫牟田伸子・フィルムアート社編，2016，『日本のシビックエコノミー―私たちがちいさな経
　　済を生み出す方法』フィルムアート社.

鈴木まなみ，2018，「シビックテックが子育てを変えた」稲継裕昭編『シビックテック』勁草
　　書房.

神野直彦・小西砂千夫，2020，『日本の地方財政　第2版』有斐閣.

新藤宗幸，2020，『新自由主義にゆがむ公共政策』朝日新聞出版社.

関満博，1993，『フルセット型産業構造を超えて―東アジア新時代のなかの日本産業』中央公
　　論新社.

選挙制度研究会編，2017，『地方選挙の手引 平成29年』ぎょうせい.

全国子ども食堂支援センターむすびえ，2022，「第1回全国こども食堂実態調査」.
　　https://musubie.org/wp/wp-content/uploads/2022/03/a7043c68eccf433117d7c6238c32ac0e.pdf

全国小さくても輝く自治体フォーラムの会・自治体問題研究所，2014，『小さい自治体 輝く
　　自治―「平成の大合併」と「フォーラムの会」』自治体研究社.

全国町村会，2006，「私たちは再び農山村の大切さを訴えます〜住民一人ひとりが誇りと愛着
　　を持てる活力と個性溢れる町村を実現するために〜」.

総務省，2005，「分権型社会における自治体経営の刷新戦略」.

総務省，2020，「自治体 DX 推進計画」.

総務省統計局，2021，「令和2年国勢調査 人口等基本集計結果 結果の概要（令和3年11月30
　　日）」https://www.stat.go.jp/data/kokusei/2020/kekka/pdf/outline_01.pdf

辻中豊編著，2002，『現代日本の市民社会・利益団体』木鐸社.

武田真一郎，2013，『吉野川住民投票　市民参加のレシピ』東信堂.

田中辰雄・浜屋敏，2019，『ネットは社会を分断しない』角川新書.

谷口将紀・宍戸常寿，2020，『デジタルデモクラシーがやってくる！』中央公論新社.

辻大介編，2021，『ネット社会と民主主義』有斐閣.

筒井美紀・本田由紀・櫻井純理編，2014，『就労支援を問い直す―自治体と地域の取り組み』
　　勁草書房.

綱島不二雄・岡田知弘・塩崎賢明・宮入興一編，2015，『東日本大震災 復興の検証―どのよう
　　にして「惨事便乗型復興」を乗り越えるか』合同出版.

帝国データバンク「特別企画：首都圏・本社移転動向調査（2021年）」https://www.tdb.co.jp/
　　report/watching/press/pdf/p220207.pdf

豊中市，2008，「豊中市雇用・就労施策推進プラン」．

豊中市，2016，「豊中市若者支援構想」．

豊中市，2020，「豊中市の若者支援ネットワークづくりについて」令和2年度生活困窮者自立支援制度人材養成研修資料．https://www.mhlw.go.jp/content/12000000/000777923.pdf

内閣府，2003，「ソーシャル・キャピタル―豊かな人間関係と市民活動の好循環を求めて」．

内閣府，2018，「平成29年度 特定非営利活動法人に関する実態調査」．

内閣府，2021，「令和2年度 特定非営利活動法人に関する実態調査」．
　（集計表）https://www.npo-homepage.go.jp/toukei/npojittai-chousa/2020npojittai-chousa

内閣府政策統括官，2016，「若者の生活に関する調査報告書」．

内閣府，2019，『子供・若者白書〈令和元年版〉』．

中村稔彦，2022，攻める自治体「東川町」：地機活性化の実践モデル』新評論．

奈良県川上村ホームページ https://www.vill.kawakami.nara.jp/

日本都市センター，2014，「地域コミュニティと行政の新しい関係づくり～全国812都市自治体へのアンケート調査結果と取組事例から～」．

沼尾波子・池上岳彦・木村佳弘・高橋正幸，2017，『地方財政を学ぶ』有斐閣．

バートレット，ジェイミー，2020，『操られる民主主義 デジタル・テクノロジーはいかにして社会を破壊するか』草思社文庫．

橋場利勝・神原勝，2006，『栗山町発・議会基本条例』公人の友社．

橋本健二，2020，『〈格差〉と〈階級〉の戦後史』河出書房．

パリサー，イーライ，2016，『フィルターバブル インターネットが隠していること』ハヤカワ・ノンフィクション文庫．

平岡和久，2020，『人口減少と危機のなかの地方行財政』自治体研究社．

平岡和久・自治体問題研究所編，2014，『新しい時代の地方自治像と財政』自治体研究社．

広島市，2021，「広島市町内会・自治会等実態調査報告書」．
　https://www.city.hiroshima.lg.jp/soshiki/14/227612.html

福嶋浩彦，2014，『市民自治』ディスカヴァー・トゥエンティワン．

Homedoor，2016，「2015年度年次報告書」．

Homedoor，2021，「2020年度事業報告書」．

保母武彦，2013，『日本の農山村をどう再生するか』岩波書店．

前田正子，2017，『保育園問題』中央公論新社．

牧瀬稔，2013，「政策手法の紹介」『彩の国さいたま人づくり広域連合政策情報誌 Think-ing』14：69-75．

牧野光朗編，2016，『円卓の地域主義―共創の場づくりから生まれる善い地域とは』事業構想大学院大学出版部．

増田寛也編，2014，『地方消滅―東京一極集中が招く人口急減』中央公論新社．

松林哲也，2016，「投票環境と投票率」『選挙研究』32巻1号．

水谷利亮，平岡和久，2018，『都道府県出先機関の実証研究―自治体間連携と都道府県機能の分析』法律文化社．

水谷利亮，平岡和久，2022，「村の自治と自治体間連携：奈良県川上村における事例分析」『下

関市立大学論集』65（3）：39-57.

三菱 UFJ リサーチ＆コンサルティング株式会社，2015，「我が国における社会的企業の活動規模に関する調査」 https://www.npo-homepage.go.jp/toukei/sonota-chousa/kigyou-katudoukibo-chousa

宮本憲一，2016，『増補版　日本の地方自治―その歴史と未来』自治体研究社.

宮本憲一・遠藤宏一編，2006，『セミナー現代地方財政Ⅰ』勁草書房.

目黒章三郎，2010，「奮闘地方議員　市施設構想の再考を決議　基本条例が議会の機能高める」『日経グローカル』142.

諸富徹，2003，『環境』岩波書店.

諸富徹，2015，『「エネルギー自治」で地域再生！―飯田モデルに学ぶ』岩波書店.

山岡義典編，1997，『NPO 基礎講座　市民社会の創造のために』ぎょうせい.

ユヌス，ムハマド，2010，『ソーシャル・ビジネス革命―世界の課題を解決する新たな経済システム』早川書房.

吉本哲郎（2008）『地元学をはじめよう』岩波書店.

和崎光太郎，2014，「京都番組小学校の創設過程」『京都市学校歴史博物館研究紀要』 3：3-14.

渡辺幸男・小川正博・黒瀬直宏・向山雅夫，2013，『21世紀中小企業論―多様性と可能性を探る　第3版』有斐閣.

索　引

編者・執筆者紹介

(① 現職・専攻, ② ひとことメッセージ)

【編　者】

上田　道明（うえだ　みちあき）　はじめに・第7章・第11章・第12章・第13章

① 佛教大学社会学部教授，政治学・地方自治論
② 第7章を担当しました。インターネットが社会の分断を進めているという議論がありますが，実証研究によれば「分断が進んでいるのは（若年層ではなく）中高年世代」とのこと。直感や思い込みをひっくり返してくれるところに学問の面白さがあります。この本はどうでしたでしょうか？

【執筆者】

栗本　裕見（くりもと　ゆみ）　第1章・第2章・第10章・第18章3節，5節・おわりに

① 大阪公立大学都市科学・防災研究センター客員研究員，地域自治・NPO論
② 今まで，地域のコミュニティやNPOなどで頑張る人をたずね歩いてきたのですが，コロナ禍のせいで動けない状況が続きました。久しぶりに地域を訪れると，「いろいろ制約はあるけどできることを」と活動を見直し，バージョンアップしていたのが印象的でした。「ピンチをチャンスに」のタネは意外に近くにあるのかも。

桑原　武志（くわはら　たけし）　　　　　　　　　第3章・第8章

① 大阪経済大学経済学部教授，都市政治経済・中小企業政策
② 最近，多発する自然災害に加え，ロシアのウクライナ侵攻に始まる戦争が起きて，わたしたちが生活する社会も変化を余儀なくされています。そういうときだからこそ，批判的思考を忘れず，足元の地方自治について学んで，自分自身の考えを持ちましょう。

大西　弘子（おおにし　ひろこ）　　　　　　　第4章・第9章・第17章

① 神戸医療未来大学教授，政治学・民主政論
② このテキストは，執筆者が原稿を持ち寄って，「ここが説明不足」「これは過度な一般化」などと注文をつけあい，議論しながらできあがりました。みなさんの手に届いた今からは，みなさんにも議論に参加してもらえれば（？）嬉しいです。テキストの内容について検索したり，反論を考えたりして，ぜひ積極的なツッコミをお願いします。

柏原　　誠（かしはら　まこと）　　　第5章・第14章・第18章1節，4節

① 大阪経済大学経済学部准教授，行政学・地方自治論
② 地方自治は，地域を暮らしやすい場所にするためのリアルな営み。各章の事例をきっ
かけに，地域の課題をどのように解決し，未来を創っていくか考えてみてほしい。

水谷　利亮（みずたに　りあき）　　　　　　第6章・第18章2節

① 下関市立大学経済学部教授，行政学・地方自治論
② 国の政府は，国民や地域に無理を押しつけることがあります。私は環境や地域文化の
豊かな沖縄が好きですが，沖縄の自治体は国による「美ら海」埋め立て工事に対し抑
制機能を発揮しようと悪戦苦闘しています。わたしたちが他地域の自治の取り組みに
もっと関心を持つことは，日本社会を少し優しくする方法の1つだと思っています。

平岡　和久（ひらおか　かずひさ）　　　　　　第15章・第16章

① 立命館大学政策科学部教授，財政学・地方財政論
② 財政は目的ではなく，手段にすぎません。しかし，「善い地域」，「善い自治体」を実現
するためには財政の役割が決定的に重要です。本書が，みなさんの自治体財政への関
心を深めるきっかけになれば望外の喜びです。

Horitsu Bunka Sha

いまから始める地方自治〔改訂版〕

2018年2月28日　初　版第1刷発行
2023年4月5日　改訂版第1刷発行

編　者　上田道明（うえだみちあき）

発行者　畑　　光

発行所　株式会社 法律文化社

〒603-8053
京都市北区上賀茂岩ヶ垣内町71
電話 075(791)7131　FAX 075(721)8400
https://www.hou-bun.com/

印刷：西濃印刷㈱／製本：㈲坂井製本所
装幀：白沢　正

ISBN 978-4-589-04263-7

©2023　Michiaki Ueda　Printed in Japan

坂本治也・石橋章市朗編

ポリティカル・サイエンス入門

A 5 判・240頁・2640円

現代政治の実態を考える政治学の入門書。政治に関する世間一般の誤解や偏見を打ち破り，政治学のおもしろさを伝え，政治を分析する際の視座を提示する。コラムや政治学を学ぶためのおススメ文献ガイドも収録。

石田 徹・伊藤恭彦・上田道明編

ローカル・ガバナンスとデモクラシー
―地方自治の新たなかたち―

A 5 判・222頁・2530円

世界的な地方分権化の流れをふまえつつ，日本におけるローカル（地域・地方）レベルの統治に焦点をあて複眼的な視点から，地方自治の新たなかたちを提示する。政府－民間関係，中央政府－地方自治体関係，諸組織間連携の最新動向がわかる。

坂本治也編

市 民 社 会 論
―理論と実証の最前線―

A 5 判・350頁・3520円

市民社会の実態と機能を体系的に学ぶ概説入門書。第一線の研究者たちが各章で①分析視角の重要性，②理論・学説の展開，③日本の現状，④今後の課題の4点をふまえて執筆。3部16章構成で理論と実証の最前線を解説。

原田 久著

行 政 学 〔第2版〕

A 5 判・194頁・2420円

制度・管理・政策の次元から行政現象をとらえたコンパクトな入門書。「どうなっているか？」「なぜそうなのか？」という2つの問いを中心に各章を構成。身近な事例と豊富な図表を通して現代日本の行政をつかむ。現代の政治状況の変化を踏まえて事例をアップデート。

馬場 健・南島和久編著〔Basic Study Books〕

地 方 自 治 入 門

A 5 判・270頁・2750円

地方自治を理解するうえで必須の歴史，制度論，管理論を軸に基本的事項と知識を，最新の情報を織り込みながら解説。丁寧な側注解説とクロスリファレンスによって全体を把握しながら学習できる初学者（現場含む）むけのテキスト。

マシュー・ボルトン著／藤井敦史・大川恵子・坂無 淳・走井洋一・松井真理子訳

社会はこうやって変える！
―コミュニティ・オーガナイジング入門―

A 5 判・156頁・2640円

市民の力を紡ぎ，組織を作り，アクションを起こして，社会を変える。その手法である〈コミュニティー・オーガナイジング〉についてイギリスの経験をまとめた社会運動論の入門書。社会変革に必要な考え方，心構え，作法，戦術，アクションなど具体例を交え解説。

━━━法律文化社━━━

表示価格は消費税10％を含んだ価格です